ÍNDICE

Bienvenida	6
¿Qué encontrarás en esta agenda?	8
¿Qué es el tarot?	10
Los cinco pasos para una buena lectura	11
Seis pasos para conectar con la intuición en la consulta	13
Código ético del tarot	15
Primer manifiesto del tarot	18
Ficha resumen de los 22 arcanos mayores	21
Bienvenido 2025	34
El cuento del palo de bastos	36
ENERO: Lectura de los Reyes Magos	39
Arcano: As de bastos	41
Combinación: La Torre y As de bastos	43
Aniversario de la Escola Mariló Casals	45
Ejercicio	47
FEBRERO: Lectura del propósito	49
Herramientas para tarotistas: Emprendimiento y tarot	51
Arcano: 2 de bastos	53
Combinación: 2 de oros y 2 de bastos	55
Ejercicio	57
MARZO: ¿Cuál es mi habilidad personal?	59
Herramientas para tarotistas: Los valores en la consulta	61
Arcano: 3 de bastos	63
Combinación: La Rueda de la Fortuna y 3 de bastos	65
Congresos de tarot	67
EQUINOCCIO DE PRIMAVERA	68
Herramientas para tarotistas: 8 de marzo, Día Internacional de la Mujer. La Reina de bastos	71
ABRIL: Lectura del Ikigai	73
Arcano: 4 de bastos	75
Combinación: 4 de bastos y 10 de copas	77
Ejercicio	79
Herramientas para tarotistas: Observar los bastos	81

MAYO: Lectura para encontrar trabajo 83
Herramientas para tarotistas: Cómo ver si alguien es del pasado 85
Arcano: 5 de bastos 87
Combinación: El Sumo Sacerdote y 5 de bastos 89
Sopa de letras 91

JUNIO: Lectura del dinero 93
Herramientas para tarotistas: ¿Cómo calcular el precio de tus servicios de tarot? 95
Arcano: 6 de bastos 97
Combinación: 8 de oros y 6 de bastos 99

SOLSTICIO DE VERANO 100

Ejercicio 103
Herramientas para tarotistas: Cómo cortar con preguntas repetitivas 105

JULIO: Lectura de mi sueño o proyecto 107
Arcano: 7 de bastos 109
Combinación: 9 de espadas y 7 de bastos 111
Ejercicio 113
Herramientas para tarotistas: Consejos para leer el tarot en ferias y fiestas 115

AGOSTO: Lectura de planificación semanal 117
Herramientas para tarotistas: ¿Podemos equivocarnos los tarotistas? 119
Arcano: 8 de bastos 121
Combinación: 8 de bastos y el Colgado 123
Ejercicio 125
Herramientas para tarotistas: El ritmo y movimiento de los distintos palos 127

SEPTIEMBRE: Lectura para potenciar mis facultades psíquicas 129
Arcano: 9 de bastos 131
Combinación: 9 de bastos y Templanza 133
Sopa de letras 135

EQUINOCCIO DE OTOÑO 136

Herramientas para tarotistas: ¿Qué sucede si pierdo un arcano
o se me cae una carta? 139

OCTUBRE: Lectura para la negociación o pacto 141
Herramientas para tarotistas: El tarot en las redes sociales 143
Arcano: 10 de bastos 145
Combinación: 10 de bastos y la Estrella 147
Ejercicio 149

ESCUELA MARILÓ CASALS
Maria del Mar Tort i Casals

Agenda del Tarot
2 0 2 5

ESPECIAL BASTOS

EDICIONES OBELISCO

Calendario 2025

Enero
```
            1  2  3  4  5
 6  ◐  8  9 10 11 12
 ○ 14 15 16 17 18 19
20  ◐ 22 23 24 25 26
27 28  ● 30 31
```

Febrero
```
                        1  2
 3  4  ◐  6  7  8  9
10 11  ○ 13 14 15 16
17 18 19  ◐ 21 22 23
24 25 26 27  ●
```

Marzo
```
                     1  2
 3  4  5  ◐  7  8  9
10 11 12 13  ○ 15 16
17 18 19 20 21  ◐ 23
24 25 26 27 28  ● 30
31
```

Abril
```
       1  2  3  ◐  6
 7  8  9 10 11 12  ○
14 15 16 17 18 19 20
21  ◐ 22 23 24 25 26
28 29 30
```

Mayo
```
          1  2  3  ◐
 5  6  7  8  9 10 11
 ○ 13 14 15 16 17 18
19  ◐ 21 22 23 24 25
26  ● 28 29 30 31
```

Junio
```
                        1
 2  ◐  4  5  6  7  8
 9 10  ○ 12 13 14 15
16 17  ◐ 19 20 21 22
23 24  ● 26 27 28 29
30
```

Julio
```
    1  ◐  3  4  5  6
 7  8  9  ○ 11 12 13
14 15 16 17  ◐ 19 20
21 22 23  ● 25 26 27
28 29 30 31
```

Agosto
```
          ◐  2  3
 4  5  6  7  8  ○ 10
11 12 13 14 15  ◐ 17
18 19 20 21 22  ● 24
25 26 27 28 29 30  ◐
```

Septiembre
```
 1  2  3  4  5  6  ○
 8  9 10 11 12 13  ◐
15 16 17 18 19 20  ●
22 23 24 25 26 27 28
29  ◐
```

Octubre
```
       1  2  3  4  5
 6  ○  8  9 10 11 12
 ◐ 14 15 16 17 18 19
20  ● 22 23 24 25 26
27 28  ◐ 30 31
```

Noviembre
```
                     1  2
 3  4  ○  6  7  8  9
10 11  ◐ 13 14 15 16
17 18 19  ● 21 22 23
24 25 26 27  ◐ 29 30
```

Diciembre
```
    1  2  3  4  ○  6  7
 8  9 10  ◐ 12 13 14
15 16 17 18 19  ● 21
22 23 24 25 26  ◐ 28
29 30 31
```

Calendario 2026

Enero
```
            1  2  ○  4
 5  6  7  8  9  ◐ 11
12 13 14 15 16 17  ●
19 20 21 22 23 24  ◐
26 27 28 29 30 31
```

Febrero
```
                     1
 ○  3  4  5  6  7  8
 ◐ 10 11 12 13 14 15
16  ● 18 19 20 21 22
23  ◐ 25 26 27 28
```

Marzo
```
                        1
 2  ○  4  5  6  7  8
 9  ◐ 11 12 13 14 15
16 17  ● 19 20 21 22
23 24  ◐ 26 27 28 29
30 31
```

Abril
```
       1  ○  3  4  5
 6  7  8  ◐ 10 11 12
13 14 15 16  ● 18 19
20 21 22 23  ◐ 25 26
27 28 29 30
```

Mayo
```
                ○  2  3
 4  5  6  7  ◐  9 10
11 12 13 14 15  ● 17
18 19 20 21 22  ◐ 24
25 26 27 28 29 30  ○
```

Junio
```
 1  2  3  4  5  6  ◐
 8  9 10 11 12 13 14
15  ● 17 18 19 20 21
22  ◐ 24 25 26 27 28
29  ○
```

Julio
```
       1  2  3  4  5
 ◐  7  8  9 10 11 12
13  ● 15 16 17 18 19
20  ◐ 22 23 24 25 26
27 28  ○ 30 31
```

Agosto
```
                     1  2
 3  4  ◐  6  7  8  9
10 11  ● 13 14 15 16
17 18 19  ◐ 21 22 23
24 25 26 27  ○ 29 30
31
```

Septiembre
```
       1  2  ◐  4  5
 7  8  9 10  ●  12 13
14 15 16 17  ◐ 19 20
21 22 23 24 25  ○ 27
28 29 30
```

Octubre
```
       1  2  ◐  4
 5  6  7  8  9 10  ●
12 13 14 15 16 17  ◐
19 20 21 22 23 24 25
 ○ 27 28 29 30 31
```

Noviembre
```
                     ◐
 2  3  4  5  6  7  8
 ●  10 11 12 13 14 15
 ◐ 17 18 19 20 21 22
23  ○ 25 26 27 28 29
30
```

Diciembre
```
    ◐  2  3  4  5  6
 7  ●  9 10 11 12 13
14 15  ◐ 17 18 19 20
21 22 23  ○ 25 26 27
28 29 30  ◐
```

Símbolos:

○ Luna llena ◐ Cuarto menguante ● Luna nueva ◐ Cuarto creciente

NOVIEMBRE: Lectura para iniciar un negocio 151
Herramientas para tarotistas: Tarot y creatividad 153
Arcano: Sota y Caballo de bastos 155
Combinación: Sota de bastos y As de espadas 157
Día Internacional del Taromante 159
Herramientas para tarotistas: ¿Qué me aporta el tarot? 161

DICIEMBRE: Lectura para cerrar el año 163
Arcano: Reina y Rey de bastos 165
Combinación: Reina de bastos y 3 de oros 167
Ejercicio 169
Herramientas para tarotistas: Cómo interpretar arcanos difíciles 171

SOLSTICIO DE INVIERNO 172

Cómo despedir el año 175
Correspondencias 176
Cartas para recortar 181
Soluciones 190
Mis contraseñas 191
Notas 193
Despedida 195
Acerca de la autora 196

BIENVENIDA

¡Bienvenid@ a la *Agenda del Tarot 2025*! Para mí es un placer poder acompañarte un año más de la mano del tarot, mi gran pasión. Me siento feliz porque ésta es mi séptima agenda de tarot, y me gustaría empezar dando las gracias a cada una de las personas que, a lo largo de estos años, la han comprado y disfrutado. Quiero agradecer también la confianza y el apoyo de Ediciones Obelisco, que siempre ha confiado en mí y me ha facilitado las cosas. Cuando empecé con la primera agenda no sabía si tendría acogida y ya llevamos siete años recorriendo día a día de la mano del tarot con las agendas. Gracias a cada uno y una de vosotros.

Después de siete años realizando la *Agenda del Tarot*, he sentido que era el momento de darle un enfoque un poco más específico, poder profundizar un poco más en algún ámbito. Por ese motivo, este año propongo un año «especial bastos». Una agenda en la que el protagonista es este palo, que nos conecta con la energía, la voluntad y el trabajo. Esto nos va a permitir profundizar en los catorce arcanos del palo, y, en este sentido, podremos verlos uno a uno y trabajarlos con más profundidad en los ejercicios que propongo. Y no sólo eso, sino que las herramientas para tarotistas estarán enfocadas en la profesionalización del tarot para todos los que en un futuro queráis dedicaros a ser tarotistas profesionales. Las lecturas se centran en temas de trabajo y de valores, que son los temas de los que nos hablan los bastos. Como puedes ver, este año propongo un acompañamiento más concreto y profundo para la energía de los bastos, para que este año nos guíen: confianza, voluntad, valores, trabajo, entusiasmo, optimismo y vitalidad. Sin embargo, no pienses que el resto de los arcanos no van a estar presentes; los arcanos mayores y el resto de palos están presentes en las afirmaciones, consejos y en algunos ejercicios para que no te olvides de ellos. Los setenta y ocho arcanos son como una gran familia y no nos gusta excluirlos.

Seguro que ya te habrás dado cuenta de que en los próximos años las agendas irán de la mano de cada uno de los palos; así, en 2026 seguiremos con un especial copas; en 2027, con las espadas, y en 2028, con los oros. De esta manera, a lo largo de estos cuatro años habrás podido profundizar en cada una de estas energías, y habrás podido integrar, trabajar y utilizarlas para obtener un muy buen conocimiento de todos los arcanos.

Como novedad, cada mes encontrarás una serie de ejercicios lúdicos: sopas de letras, ejercicios para relacionar, etc., con el fin de que aprendas y refuerces tus conocimientos de manera divertida. También hallarás, como siempre, herramientas para tarotistas, la lectura para cada mes, las afirmaciones y aquello que tanto valoras de esta agenda.

Asimismo, deseo recordarte que puedes emplear esta agenda como una agenda tradicional o como un diario personal o vivencial para anotar tus ideas, intuiciones y experiencias emocionales personales.

Sólo me queda desearte un FELIZ 2025 y que disfrutes de esta agenda tanto como yo he gozado preparándola.

¡FELIZ 2025 Y FELIZ TAROT!

¿QUÉ ENCONTRARÁS EN ESTA AGENDA?

Esta agenda/diario está especialmente diseñada para aprender y trabajar con el tarot. A las personas que están empezando les permitirá ir conectando y aprendiendo tarot. Las que ya están familiarizadas con él, pueden repasar, revisar y reconectar con el tarot.

Este año trabajaremos con los 78 arcanos del tarot Rider Waite Smith, poniendo énfasis en el palo de bastos. Para trabajar los solsticios y equinoccios, utilizaremos el tarot de las sensaciones.

Ésta es la séptima agenda que redacto, y en esta ocasión necesitaba hacer algo un poco distinto pero conservando su esencia. Por ese motivo, este año está enfocada en el palo de bastos, aunque en los ejercicios trabajaremos con todos los arcanos. Cuando digo que está enfocada en el palo de bastos es que, a lo largo de todo el año, profundizaremos en cada uno 14 arcanos de bastos, trabajaremos combinaciones para ayudar a fluir con ellos y las lecturas se centran en su energía. Encontrarás lecturas de trabajo, de creencias, de habilidades y propósito, para que te empapes y conectes con esta energía. El próximo año conectaremos y trabajaremos el palo y la energía de agua, y así sucesivamente.

Por cada mes se encuentra:
- **Una lectura para poder practicar con unas cartas,** para que puedas tenerla en tu agenda, con una plantilla para escribir tu interpretación. Al final de la agenda, hallarás un cuadro con los significados clave de cada una de las cartas, que te facilitará la interpretación.
- **Un arcano de bastos,** que permitirá conocer un arcano en profundidad y trabajarlo a nivel personal.
- **Una combinación de arcanos, en la que saldrá un arcano de bastos para que aprendas a combinarlo con otros arcanos,** para aprender a relacionar las cartas entre sí.
- **Ejercicios lúdicos para que te diviertas aprendiendo.**
- **Herramientas para tarotistas.** En este apartado, cada mes encontrarás recursos para tus interpretaciones y lecturas.

- **Afirmaciones y reflexiones** de los arcanos para trabajarlos durante la semana.
- *Planning* **mensual para que puedas agendar y programar tus actividades.**
- **Ejercicios para trabajar e integrar los arcanos.**

Además:
- **Un cuadro resumen de los significados clave de cada uno de los arcanos mayores:** psicología, trabajo, amor, salud, consejo y significado clave.
- **Un cuadro resumen con los significados de los arcanos menores.**
- **La imagen de un tarot del tamaño adecuado para trabajar en la agenda,** para que puedas hacer fotocopias y recortar para ponerla en las lecturas.
- **12 lecturas con su plantilla-guion,** que facilitan la interpretación de cada una de las lecturas del mes.
- **Cuadros con las correspondencias de los 22 arcanos** con: las plantas, los aromas, los minerales, la astrología, el animal y el mito.
- **4 ejercicios para trabajar las estaciones del año con el tarot.**
- **Afirmaciones de los 22 arcanos** para poder conectar con ellos.

¡Todo ello con la finalidad de ayudarte,
acompañarte y hacer que te resulte más fácil y más mágico este año 2025 de la mano del tarot!

¿QUÉ ES EL TAROT?

El tarot es un oráculo que está constituido por 22 arcanos mayores y 56 arcanos menores (bastos, copas, espadas y oros).

¿Para qué sirve el tarot?

- Es un oráculo que nos permite observar el pasado, tomar conciencia del presente y ver las tendencias de futuro.
- Nos advierte de las dificultades y nos ayuda a aprovechar las facilidades.
- Es una gran herramienta de autoconocimiento, con la cual podemos ver cómo estamos, cuáles son nuestras virtudes y qué es lo que debemos trabajar.
- Nos ayuda a conocer y entender mejor a los demás, y mejora nuestras relaciones.

Tipos de interpretación con el tarot

Existen distintas maneras de trabajar con el tarot.

- **Tarot predictivo:** quizás sea el más conocido. Nos permite ver el pasado, el presente y las tendencias del futuro.
- **Tarot psicológico:** se utiliza sólo para ver cómo está la persona a nivel psicológico y anímico.
- **Tarot kármico:** nos ayuda a ver de dónde venimos, hacia dónde vamos y qué es lo que tenemos que aprender.
- **Tarot social:** se dedica a interpretar temas sociales, como el deporte o la política.

A lo largo de esta agenda vamos a trabajar con los distintos tipos de interpretación; encontrarás lecturas predictivas, psicológicas y kármicas, que podrás practicar y experimentar tanto contigo mismo como con la gente que desees.

LOS CINCO PASOS PARA UNA BUENA LECTURA

Interpretar las cartas no sólo es saber el significado de cada una de ellas, combinarlas entre sí y poder hacer una interpretación. Además del conocimiento de las cartas y de saber interpretarlas, una buena consulta requiere una buena predisposición interior, saber hacer bien la pregunta, escoger la lectura adecuada, saber «escuchar» a la persona que tenemos delante, tener una buena concentración, saber interpretar el lenguaje corporal de la persona que acude a nosotros, saber escuchar tu propio cuerpo y las señales que te proporciona, conectar con tu intuición, saber abrir y cerrar la consulta, etc.

A continuación explicaremos **cinco pasos** que son claves para poder realizar una buena lectura de tarot.

1. La pregunta debe ser clara y estar bien formulada

Muchas veces nos encontramos con preguntas ambiguas, confusas. Si la pregunta es ambigua, la respuesta no será clara. Si queremos una respuesta concreta, la pregunta también debe serlo. Ésta tiene que ser lo más neutra posible. No vale preguntar: «¿Me despedirán?». Aquí estamos proyectando, de manera que la pregunta adecuada sería la siguiente: «¿Cuál será la evolución de mi trabajo?». Y las cartas ya nos dirán las tendencias.

2. Elegir la lectura adecuada

Una vez tengamos la pregunta clara, tendremos que buscar la lectura que vaya mejor para el tema. Para preguntas complejas no podemos elegir lecturas muy sencillas, ya que nos proporcionarán poca información y pocos matices. Existen lecturas para temas muy concretos que nos facilitan la interpretación y la respuesta. Por ejemplo, si alguien ha perdido un objeto de valor, podemos utilizar una lectura concreta o la lectura del objeto perdido. Esta lectura nos facilitará mucho más la respuesta.

3. Buena concentración al barajar y cortar

Éste es un momento muy importante, porque de este proceso saldrán las cartas que tendremos que interpretar. Es necesario que estemos concentrados y que pensemos en la pregunta que vamos a realizar. Es clave que visualicemos (imaginemos) la lectura que vamos a utilizar. Es en este momento cuando tendremos que estar fluidos y abiertos a nuestra intuición.

4. Escuchar a nuestro cuerpo y estar atentos al lenguaje corporal del consultante

Debemos estar atentos a los mensajes que nos proporciona nuestro cuerpo, ya que son señales que provienen de la intuición, que debemos saber interpretar, y esto sólo podemos hacerlo siendo conscientes y centrando la atención en nuestro cuerpo. También es bueno que estemos atentos al lenguaje corporal de la persona que tenemos delante, ya que nos ayudará a ver cómo está y cómo le está sentando lo que le vamos diciendo. Esto nos permitirá poder adecuar nuestras palabras y la manera de comunicar.

5. Cerrar bien la consulta

Todo lo que se abre debe cerrarse. Debemos cerrar la lectura que hemos abierto con la pregunta. Para ello, basta con que barajemos las cartas pensando y visualizando que cerramos la consulta. Esto quiere decir que cuando hayamos cerrado la consulta, ya no pensaremos más en los temas que han salido a lo largo de la sesión, y esto es importante, porque, de lo contrario, iremos cargando con temas que no son nuestros y podemos llegar a enfermar.

Interpretar el tarot es un arte que requiere el conocimiento de las cartas, el trabajo personal del tarotista, un buen método, dejar fluir la intuición, estar abierto a las sensaciones, respeto al consultante, y, sobre todo, amor y entrega por una técnica que nos da tanto. Espero que estos cinco puntos te sirvan tanto como me han servido a mí.

SEIS PASOS PARA CONECTAR CON LA INTUICIÓN EN LA CONSULTA

En una buena consulta de tarot intervienen muchos factores: conocimiento de los arcanos, capacidad de interpretación, buen método, valores y presencia, pero si existe un factor que es especial, éste es la intuición. Saber fluir y conectar con nuestra intuición es lo que hará que la interpretación sea única, especial e irrepetible. Como decimos en clase, la intuición en una lectura es el «broche de oro», lo que le da brillo. A continuación, vamos a explicar seis pasos que pueden ayudarte a conectar con tu intuición:

1. Haz un centramiento

Antes de empezar la consulta, prepara la sala y tus cosas, y busca un instante para realizar un pequeño centramiento. Cierra los ojos, respira hondo y toma conciencia de lo que vas a hacer: «UNA CONSULTA».

2. Suelta todo lo que traes mental y físicamente

Puedes hacerlo mediante el centramiento. O, cuando entres en consulta, visualiza todas tus preocupaciones o todos tus pensamientos y déjalos fuera. Si tienes alguna molestia física, haz lo mismo: déjala fuera. Si estamos llenos de nuestras cosas, no podremos conectar con nuestra intuición.

3. Visualiza y pon conciencia en tu intuición

Dar un color y una forma a la intuición y situarla nos ayudará a estar más abiertos y conscientes a ella. Podemos visualizar un punto lila en el entrecejo y, con nuestra voz interior, podemos decir: «Confío en mi intuición».

4. Ábrete a la persona que tienes delante

Cuando tenemos a la persona delante, debemos tener una actitud abierta. Una manera que va muy bien para poder conectar con esta persona es visualizar una burbuja que la rodea, otra que nos rodea a nosotros y cómo ambas se juntan. Esto te ayudará a conectar con ella.

5. Déjate fluir

Escucha a tu cuerpo, tus sensaciones, las señales que puedas recibir. En función de si eres más visual, auditivo o corporal, serás más sensible a unas señales u otras. Escucha tus corazonadas y confía en ellas.

6. Da las gracias

Al final, cuando termines, agradece la intuición, y da las gracias de poder conectar con ella.

Espero que éstos o algunos de estos puntos puedan ayudarte. Es posible que muchas de estas cosas ya las hagas de manera inconsciente y automática, aunque otras puedes probarlas e incorporar las que te resulten adecuadas. Estas recomendaciones son fruto de la experiencia de muchos años de consulta que comparto contigo.

CÓDIGO ÉTICO DEL TAROT

1. Creemos en el libre albedrío

Las cartas indican pero no sentencian. Cuando interpretamos una lectura del tarot, vemos cómo está cada situación en esos momentos y hacia dónde se dirige. A partir de ahí, es el propio consultante quien decide si va por este camino o por otro.

2. Informamos de las opciones, no tomamos decisiones

Ante cualquier decisión del consultante, nosotros informamos de las diferentes opciones, pero es la persona quien debe decidir hacia dónde quiere ir, cómo y cuándo. Eso sí, nosotros debemos informarle de qué es lo que puede encontrarse en cada camino.

3. Respetamos las maneras de pensar y hacer

No juzgamos. En ningún caso emitiremos juicios internos ni externos del consultante. Cada uno tiene sus razones y nadie es ni peor ni mejor. Nosotros no sabemos cómo actuaríamos en esas mismas circunstancias y con las experiencias de otro.

4. Ayudamos a aprovechar y a sacar el máximo partido de los potenciales del consultante y de cada momento

Los oráculos son herramientas con las que podemos ayudar y guiar muy bien a los demás. Una de las maneras es fomentar los potenciales y recursos que todos tenemos y que muchas veces no vemos o no somos conscientes de ellos. Y cuando vemos un buen momento en cualquier ámbito (trabajo, sentimientos, dinero, crecimiento personal…), debemos hacer que el/la consultante lo aproveche al máximo.

5. Detectamos las posibles dificultades y buscamos soluciones y maneras para evitarlas y/o superarlas

Cuando veamos una dificultad, con independencia de la que sea, ya sea pequeña o grande, siempre tendremos que avisar a nuestro consultante y orientarlo de manera positiva sin asustar. Deberemos ver cómo podemos superar o evitar las situaciones más complejas y, si no es posible, hallar el camino más suave y qué aprendizaje debe realizar para superar de la mejor manera la dificultad. Nunca seremos deterministas ni negativos, ya que esto sólo inquietaría más a nuestro consultante y empeoraría la situación. A nosotros nos corresponde ayudar a la persona consultante a ver otras opciones y posibilidades.

6. Utilizamos un lenguaje claro y adecuado

Es muy importante emplear un lenguaje que se entienda, que sea cercano, concreto y claro, sin divagar ni dispersarnos. Tendremos que evitar lenguajes muy técnicos (sobre todo en astrología).

7. Confidencialidad de la información

Tanto de la que hemos recibido por parte del consultante como de las recomendaciones y orientaciones en sentido amplio y profundo. La persona que ha acudido a nosotros lo ha hecho con toda la confianza y merece la privacidad de todo lo que se ha explicado y de su propia persona. Siempre aplicaremos el secreto profesional.

8. No utilizaremos información en beneficio propio

No emplearemos nunca, ni directa ni indirectamente, la información en beneficio propio.

9. Sólo las acciones y decisiones de la persona consultante pueden modificar su futuro

La única cosa que nosotros podemos y debemos hacer de la mejor manera posible es orientar. La última palabra sólo la tiene el propio consultante con su trabajo personal. Por lo tanto, nunca intervendremos de ninguna manera para modificar su futuro, ni con magia ni dirigiéndole la vida ni diciéndole lo que debe hacer.

10. Tendremos un precio establecido previamente, definiendo el servicio que ofreceremos

La retribución deberá ajustarse a la dedicación, la capacidad y la experiencia contrastada. Informaremos de las características del servicio que ofrecemos en nuestros materiales de difusión y a la hora de concertar una visita, indicando la duración de la consulta, si adjuntaremos algún documento o grabación y su precio.

Si lo deseas, puedes adherirte al código ético en:
www.eticaytarot.com

PRIMER MANIFIESTO DEL TAROT

«Este manifiesto nace de la unión entre tarotistas de distintas partes del mundo que han colaborado para crear la Red Internacional de Congresos de Tarot».

Desde la organización y coordinación de los distintos congresos internacionales de tarot que se celebran en diferentes países (España, México, Argentina, Ecuador y Chile), nos reunimos para defender y dignificar el tarot y su buen uso.

Hoy, 650 años después de las primeras noticias documentadas de la existencia del tarot, queremos reivindicar lo siguiente:

- **El tarot forma parte de nuestra historia y cultura.** Sus láminas y dibujos forman parte de la iconografía de la cultura occidental y nos ayudan a comprender nuestra sociedad y sus valores. El tarot es un elemento clave en la historia del arte y en la comprensión de la simbología.

- **El tarot como oráculo.** Cada cultura ha creado su propio oráculo, reflejando los valores y filosofía de vida del territorio en el que se ha desarrollado. El *I ching* en Oriente, las runas en la cultura celta y el tarot en Europa occidental. Comprender el papel de cada oráculo nos ayuda a entender su historia, sus tradiciones y sus valores.

- **El tarot como método de adivinación.** En pleno siglo XXI, los oráculos tradicionales son menospreciados mientras se rinde culto a nuevos «oráculos» de apariencia más moderna, como la economía, la estadística o los estudios prospectivos. La humanidad siempre ha necesitado prever el futuro, y hoy, igual que ayer, el tarot y otros oráculos ancestrales siguen siendo tan válidos como siempre.

- **El tarot como herramienta de desarrollo personal.** El tarot es, sobre todo, un libro de la vida. Gracias a él, podemos comprendernos mejor a nosotros mismos y a nuestro entorno. El trabajo con las cartas del tarot tiene que servirnos de espejo de nosotros mismos. Nos permite comprender mejor nuestra situación actual y la manera de afrontar mejor los retos que la vida nos pone.

Por todo ello, todos nosotros nos comprometemos y queremos:

- **Visibilizar el buen tarot y los buenos tarotistas**, poniendo en valor su trabajo y construyendo nuevos referentes.

- **Intentar revertir los estereotipos del tarotista charlatán.** Durante mucho tiempo, e incluso hoy en día, existen personas que trabajan el tarot sin respeto ni conocimiento, que dan una mala imagen del sector.

- **Trabajar para difundir el conocimiento serio y riguroso del tarot** a través de: congresos, jornadas, eventos, libros, artículos y dinamización de las redes.

- **Promover la formación, la investigación** y todo lo que ayude a conocer mejor y con más profundidad el tarot.

- **Contribuir al empoderamiento del tarotista**, de tal manera que podamos decir con la cabeza bien alta a qué nos dedicamos sin que tengamos que sentirnos juzgados ni ser considerados «bichos raros».

- **Favorecer un contexto social** en el que el tarot sea visto como una herramienta de orientación y de ayuda.

Creemos en el tarot.
Reivindicamos las cartas como elemento de trabajo personal
y profesional, **como herramienta de orientación**
ante los retos que nos plantea la vida.

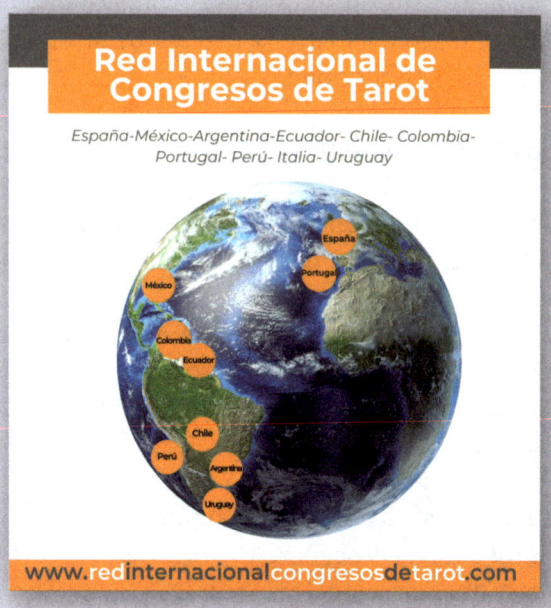

Directores de los diferentes congresos internacionales de tarot:
España: M.ª del Mar Tort Casals
México: Jorge Luis Serrano
Argentina: Fran Valiani
Chile: Magda Muñoz y Anita Muñoz
Ecuador: Lucrecia Maldonado y Pancho Prado
Uruguay: Rodrigo Díaz y Mariana
Brasil y Portugal: Nei Naiff
Colombia: Patricia Bolívar
Venezuela: Eduardo Servigna
Italia: Franco Rossi
Miami: Samira Montoya

FICHA RESUMEN
DE LOS 22 ARCANOS MAYORES

Psicología: comunicador, habilidoso, inteligente, trabajador, creativo, con iniciativa.

Trabajo: con recursos, independiente, trabajador, con iniciativa, resolutivo.

Amor: trabaja la relación, comunica los sentimientos.

Salud: médico de cabecera.

Consejo: utiliza todos tus recursos y habilidades.

Conceptos clave: trabajo, recursos, capacidad de comunicar e iniciativa.

Psicología: prudente, tranquila, entregada, reflexiva, discreta, intuitiva.

Trabajo: con experiencia y conocimientos, perseverante, estudios, reciclajes.

Amor: leal, entregada, relaciones estables.

Salud: dolores de cabeza, enfermedades propias de las mujeres mayores, estabilidad.

Consejo: escucha a tu interior.

Conceptos clave: estudios, reflexión, rica vida interior.

Psicología: creativa, inteligente, coqueta, sensual, disfruta de la vida, sociable, dotes de mando.

Trabajo: jefa, con dotes de mando, sociable, creativa, autónoma.

Amor: necesita tener pareja. Buena amante, sensual, cariñosa. Buenas relaciones.

Salud: aparato reproductor femenino. Enfermedades de la piel

Consejo: disfruta, sé creativa. Saca el máximo partido de tu feminidad.

Conceptos clave: creatividad, sensualidad, maternidad, dotes de mando, sociabilidad.

Psicología: inteligente, don de mando, poderoso, organizador, con valores, luchador.

Trabajo: jefe, trabajo estable, seguro, organizado y ambicioso.

Amor: apasionado, fuerte y protector. Le gusta tener pareja.

Salud: enfermedades típicas del estrés. Aparato reproductor masculino.

Consejo: organízate y lucha. Sé ambicioso. Ten coraje.

Conceptos clave: lucha, dotes de mando, organizador.

Psicología: sabio, amable, tranquilo, consejero, mediador, conservador, con valores.

Trabajo: estable y tranquilo, prestigio y conocimientos, sabiduría, experiencia.

Amor: fiel, tranquilo, tradicional, cariñoso, más espiritual que pasional.

Salud: próstata. Especialista.

Consejo: busca la estabilidad. Busca una persona que te aconseje.

Conceptos clave: mediador, especialista consejero, estabilidad.

Psicología: dulce, comprensivo, romántico y emotivo, que debe tomar una decisión.

Trabajo: en el que nos implicamos, disfrutamos, tenemos más de un trabajo.

Amor: sentimientos profundos, atracción, amor, enamoramiento, decisión o elección.

Salud: brazos y pulmones. Decisiones médicas. Autoestima.

Consejo: implícate. Decídete. Ama.

Conceptos clave: amor, elecciones, artístico, «más de uno».

Psicología: con personalidad, idealista, entusiasta, dinámico, responsable.

Trabajo: desplazamiento, movimiento, el trabajo avanza, nuevas oportunidades.

Amor: sentimientos cálidos y apasionados, relación dinámica y que evoluciona.

Salud: vitalidad y buena salud. Aparato locomotor.

Consejo: muévete. Coge las riendas y avanza.

Conceptos clave: jovial, vehículo, desplazamiento, coger las riendas.

Psicología: íntegra, imparcial, severa, justa, equilibrada, exigente con uno mismo y los demás.

Trabajo: contratos, impuestos, trabajo estable, justo en proporción trabajo/sueldo.

Amor: equilibrado y estable, compromiso, papeles de la pareja, bodas, divorcios…

Salud: equilibrada. Pruebas médicas. Equilibrio emocional.

Consejo: valora los pros y los contras. Sé justo.

Conceptos clave: exámenes, papeles, sopesar pros y contras, compromisos.

Psicología: introvertido, tranquilo, gran vida interior, conservador, austero y paciente.

Trabajo: que viene del pasado y que sigue en el futuro, contrato indefinido.

Amor: duradero, un poco rutinario y poco expresivo emocionalmente.

Salud: enfermedades crónicas o de larga duración. Tratamientos largos.

Consejo: es momento de tomarse las cosas con calma. Sé realista y prudente.

Conceptos clave: lentitud, búsqueda, pasado, cronicidad, aprendizaje.

Psicología: alegre, extrovertida y espontánea, desea evolucionar, veleta.

Trabajo: evolución y movimiento, renovación del contrato, inversión.

Amor: evolución, felicidad compartida, alegrías, sin rutinas.

Salud: evolución de la enfermedad. Los costes.

Consejo: aprovecha las oportunidades. Es momento de crecer y mejorar.

Conceptos clave: movimiento, dinero, renovaciones, evolución.

Psicología: fuerte, inteligente, voluntad, no se deja llevar por los impulsos.

Trabajo: planifica, visión de futuro, gran capacidad de trabajo.

Amor: fiel, fuerte e inteligente, que busca seguridad y estabilidad.

Salud: buena salud, energía vital. Otorrinolaringólogo.

Consejo: actúa con fuerza e inteligencia.

Conceptos clave: autocontrol, energía, constancia, mano izquierda.

XII El Colgado

Psicología: altruista, entregado, abnegado, sacrificado, bloqueado, estancado.

Trabajo: entrega, sacrificio, cambiar de punto de vista, baja laboral.

Amor: sacrificado, platónico, ataduras, sufrimiento, bloqueo emocional.

Salud: convalecencia, baja. Bloqueos.

Consejo: mira las cosas desde otro punto de vista. Es momento de sacrificarse.

Conceptos clave: parón, poner límites, otro punto de vista, sacrificio.

XIII

Psicología: proceso de cambios, renovación constante, frío, radical, tajante.

Trabajo: cambio radical de departamento o trabajo.

Amor: cambio de sentimientos, enfriamiento, ruptura.

Salud: huesos y espalda. Cambio de tratamiento o de hábitos.

Consejo: necesitas un cambio o una transformación.

Conceptos clave: cambios radicales, transformación, reciclaje, invierno.

XIIII Templanza

Psicología: tolerante, comunicativa, adaptable, moderada, solidaria, serena y empática.

Trabajo: un trabajo que fluye. Liquidez, intercambio, adaptable, conversaciones.

Amor: estable, sentimientos tranquilos, buen entendimiento.

Salud: buena salud, protección. Aparato digestivo. Tratamiento oral.

Consejo: adáptate. Coméntalo.

Conceptos clave: adaptabilidad, liquidez económica, viajes en avión, llamada.

XV El Diablo

Psicología: inteligente, astuto, instinto de supervivencia, egoísta, mentiroso, traicionero.

Trabajo: complicaciones, traición, ambiente crispado, infracción, estrés.

Amor: pasional y sexual, celos, posesivo.

Salud: complicaciones, enfermedades de transmisión sexual.

Consejo: ten cuidado. Sé astuto.

Conceptos clave: complicaciones, materialismo, riesgo, traiciones.

Psicología: expansiva, que desborda energía, brusca, imprevisible, temeraria.

Trabajo: empresa, ampliación, pérdidas, imprevistos, liberación.

Amor: decepción, ruptura, liberación de ataduras y prejuicios.

Salud: accidentes, hospitales, enfermedades repentinas.

Consejo: libérate. Cuidado con los imprevistos.

Conceptos clave: inmuebles, empresa, liberación, ruptura, destrucción-construcción.

Psicología: intuitiva, sensible, tierna, alegre, optimista, vital, entusiasta, con ilusiones.

Trabajo: posibilidades óptimas, aprendiz, beneficios, buen ambiente.

Amor: felicidad, ilusión, tierna, romántica, primer amor.

Salud: buena salud y protección. Aparato urinario.

Consejo: ilusiónate. Ten esperanza y confía.

Conceptos clave: jovialidad, primavera, protección, suerte, ilusión, oportunidad.

Psicología: emotiva, intuitiva, sensible, imaginativa, indecisa, desilusionada, con miedo.

Trabajo: negocios raros, en negro, poco claros, esotéricos, dificultades, enemigos.

Amor: desilusión, poca claridad, desconfianza. Amores ocultos, amor que hace aguas.

Salud: enfermedad en general. Sangre. Presión arterial.

Consejo: confía en la intuición.

Conceptos clave: enemigos ocultos, noche, otoño, agua, cosas poco claras.

Psicología: entusiasta, alegre, cálido, vital, claro, mente brillante, líder, confianza.

Trabajo: éxito, brillante, reconocimiento, trabajo con socios, familia o niños.

Amor: felicidad, alegría, sentimientos cálidos y generosos, compartir.

Salud: buena salud. Ojos, piel, fiebre. Enfermedades infantiles.

Consejo: confía en ti. Muéstrate claro y franco. Comparte.

Conceptos clave: niños, verano, día, socios, clientes, compartir, éxito, claridad.

Psicología: renovación, examen de conciencia, inventario, reflexión, replanteamiento.

Trabajo: inventario, auditoría, despertar de un negocio, renovación.

Amor: replanteamiento, momento de evaluar y, si es necesario, enmendar, despertar de sentimientos.

Salud: es momento de cuidar de la salud. Chequeo.

Consejo: momento de tomar conciencia de uno mismo.

Conceptos clave: replanteamientos, perdonar, inventario, llamada, cosas del pasado.

Psicología: popular, carismático, feliz, ingenioso, visión de futuro, realización, plenitud.

Trabajo: reconocimiento, prestigio, buen momento para ascender o pedir aumentos.

Amor: relación óptima, buen funcionamiento de la pareja, fecundidad.

Salud: buena salud. Embarazo.

Consejo: disfruta del éxito. Ábrete al mundo.

Conceptos clave: éxito, logros, extranjero, embarazo.

Psicología: altruista, idealista, ingenioso, despreocupado, independiente, impulsivo.

Trabajo: original, proyectos nuevos. Contratos temporales. Falta de experiencia.

Amor: relación con poca base, inmaduro y alocado, aventura.

Salud: inestabilidad emocional, enfermedades mentales, descuido de la salud.

Consejo: no te disperses. Lánzate. Piensa antes de actuar.

Conceptos clave: inicio y fin, cosas pasajeras o temporales, inestabilidad.

Carta	BASTOS
As	Oportunidad para iniciar un proyecto. Entusiasmo e iniciativa para emprender cualquier cosa. Pasión.
Dos	Base sólida. Influencias y contactos. Poder sobre personas y circunstancias. Persona bien situada a nivel social y económico.
Tres	Inteligencia emocional. Nuevos horizontes, abierto a proyectos nuevos. Oportunidad de comercio. Deporte o ejercicio físico. Si algo no le conviene, capacidad para darle la espalda.
Cuatro	Celebración de logros, grandes o pequeños, que son importantes para la persona. Compartir las alegrías. Adaptabilidad y estar abierto al entorno.
Cinco	Lucha sana. Competitividad. Defender las propias ideas y puntos de vista. Lucha interna.
Seis	Éxitos y logros. Conquista. Liderazgo. Aclamación.
Siete	Mantenerse alerta por aquellas cosas que puedan llegar. Capacidad para ver venir las dificultades. Capacidad para superar los problemas que puedan surgir. Estar al acecho.
Ocho	Proyectos en el aire con posibilidades de realización. Ideas bien encaminadas. Energía mental y creatividad. Rapidez.
Nueve	Recelos y desconfianza por dificultades del pasado. Capacidad para seguir adelante a pesar del cansancio físico y mental. Obstáculos que se han superado y que se pueden superar. Necesidad de poner barreras, límites.
Diez	Exceso de cargas y responsabilidades. No sabe delegar. Sólo falta el último esfuerzo, ya llega.
Rey	Hombre de bastos (fuego). Persona enérgica, optimista y con voluntad. Franca y vital. Con confianza en uno mismo.
Reina	Mujer de bastos (fuego). Persona optimista y vital. Enérgica y cercana. Confía en ella misma.
Caballo	Circunstancias que se mueven con agilidad, con rapidez. Personajes de características de fuego que van y vienen.
Sota	Jóvenes de bastos (fuego). Enérgicos e impulsivos. Buenos compañeros y joviales. Entusiastas y vitales. Noticias: de trabajo o de proyectos. Comunicación: clara, franca y entusiasta.

Carta	COPAS
As	Oportunidad para empezar algo que te llenará emocionalmente. Inicio de una relación sentimental. Plenitud. Fertilidad.
Dos	Acuerdo, colaboración, compromiso. Compartir. Intercambio desde el corazón. Compromiso amoroso.
Tres	Alegría compartida. Fiesta y celebración. Vida social, alternar.
Cuatro	Valoración de las oportunidades. Metas logradas importantes y que no quiere perder. No se deja influenciar. Conservar lo conseguido.
Cinco	Tristeza, pesimismo. Sólo ve lo que ha perdido o lo que no tiene. Bajón emocional.
Seis	Recuerdos de la infancia. Ilusión y detalles que damos o que vienen de los otros. Niños. Pueblos.
Siete	Fantasía, ilusión. Imaginación y creatividad. Castillos en el aire. Dispersión. Inspiración: cine, teatro, literatura.
Ocho	Emprender nuevos caminos. Busca lo que realmente te satisfaga y llene. Metas que parecen montañas, pero que a medida que vas avanzando, vemos que no son tan difíciles.
Nueve	Satisfacción de nuestros logros emocionales. Persona que cuenta «batallitas». Necesidad de estabilidad emocional. Pasividad. Tendencia a engordar.
Diez	Alegría y plenitud. Compartir con los tuyos. Deseos de dejar un mundo mejor. Ecología y sostenibilidad.
Rey	Hombre de copas (agua). Imaginativo y sensible. Se implica y se entrega. Necesita querer y ser querido.
Reina	Mujer de copas (agua). Sensible y romántica. Detallista y entregada. Protectora y maternal.
Caballo	Movimiento tranquilo. Las cosas avanzan sin prisa pero sin pausa. Es un ir haciendo con calma. Personas de agua que van y vienen.
Sota	Jóvenes de agua. Sensible y emotivo. Imaginativo y cariñoso. Necesita caricias y mimos. Noticias: de sentimientos. Comunicación: agradable, suave, sensible y tranquila.

Carta	ESPADAS
As	Oportunidad de iniciar una idea que tenemos en la mente. Capacidad de cortar con aquello que ya no necesitamos. Nuevas ideas.
Dos	Equilibrio entre corazón y mente. Aislamiento voluntario. Escucha su interior. No se deja influenciar. Se encuentra entre la espada y la pared.
Tres	Dolor. Pérdida. Traición.
Cuatro	Descanso. Cargar pilas preparándose para lo que ha de venir. Momento de poner orden en las ideas, analizar una detrás de otra. Convalecencia, excedencia. Retiro voluntario.
Cinco	Aprovecharse del entorno. Abuso y ganar con trampas. Egoísmo y actuar con maldad.
Seis	Viajes (ir o venir). Ir en busca de emociones más calmadas. Necesidad de tomar distancia y ver las cosas desde lejos.
Siete	Cosas pasajeras o efímeras. Diplomacia, estrategia. Camping, *caravaning*.
Ocho	Nos sentimos atados. Emociones poco claras, inseguras, con poca base. Confusión. Problemas en nuestro entorno.
Nueve	Baja laboral. Obsesión, remordimientos. Incapacidad de actuar. Impotencia. Insomnio. Lo ve todo negro, confusión.
Diez	Tocar fondo. Malestar general. Falta de energía. Ya sólo se puede ir hacia arriba. Dificultad que no sólo le afecta a uno, sino también al entorno.
Rey	Hombre de espadas (aire). Inteligente y analítico. Recto y exigente. Necesidad de control.
Reina	Mujer de espadas (aire). Rígida e inflexible. Mental y analítica. Sabia y autoritaria.
Caballo	Circunstancias muy rápidas. Defender a capa y espada las ideas o creencias. Personas de espadas que van y vienen.
Sota	Jóvenes de espadas. Inteligentes y rápidos mentalmente. Se enteran de todo. Buen comunicador, sabe hacer las preguntas adecuadas. Noticias: de temas legales o conflictos. Comunicación: con claridad y agilidad. No sólo comunica, sino que también sabe sacar información.

Carta	OROS
As	Oportunidad para empezar algo que te enriquece económica o personalmente. Oportunidad de empezar algo disfrutando. Ambición sana. Ganas de mejorar en todos los ámbitos.
Dos	Hacer equilibrios ante las adversidades. Infinidad de recursos para adaptarse. Oportunidades de negocio. Inestabilidad emocional.
Tres	Cosas a largo plazo y con buena base. Colaboración. Especialización. Vocación. Lugar/edificio público. Iglesia/catedral.
Cuatro	Es momento de conservar y mantener. Momento de ahorrar dinero, esfuerzos, etc. Avaricia.
Cinco	Pobreza a todos los niveles. La preocupación no nos permite ver más allá. Necesidad de ayuda externa. Ya no siente nada, sus emociones están congeladas.
Seis	Ser justo y generoso. Temas legales y préstamos. Valorar. Reparto de bienes.
Siete	Mantén y cuida lo que has conseguido con gran esfuerzo. Paciencia con optimismo y esperanza. Cosas a medio/largo plazo. Sembrar para recoger.
Ocho	Perseverancia, perfeccionismo. Especialización. Aprendizaje. Clase trabajadora.
Nueve	Prosperidad y abundancia. Saber disfrutar de lo que se tiene, no necesitar más. Soledad bien llevada. Refinamiento. Clase media/alta. Jardines.
Diez	Proteger y vigilar sin entrometerse. Prosperidad familiar y éxito a cualquier nivel. Mecenas, protector. Cuida a los tuyos pero sin agobiar. Para recibir, primero hay que dar. Para recoger, hay que invertir.
Rey	Hombre de oros (tierra). Práctico y realista. Trabajador y ahorrador. Necesita estabilidad y seguridad.
Reina	Mujer de oros (tierra). Práctica y trabajadora. Ahorradora y conservadora. Fértil y ambiciosa.
Caballo	Circunstancias que se mueven lentamente. No da un paso hasta que ha consolidado el anterior; para avanzar necesita tener las cosas controladas. Personas de tierra que van y vienen.
Sota	Joven de oros (tierra). Práctico y realista. Mira por su futuro. Sabe administrar sus recursos y dinero. Noticias: de dinero y situaciones que nos pueden enriquecer. Comunicación: clara y concreta.

CONSEJO DEL TAROT PARA EL MES

Enero

Febrero

Marzo

Abril

Mayo

Junio

Julio

Agosto

Septiembre

Octubre

Noviembre

Diciembre

BIENVENIDO 2025

Estamos ante las puertas de un nuevo año, 2025. Vamos a conectar a cada uno de los dígitos de este año con su arcano del tarot, y así podremos analizar la energía de este nuevo ciclo.

Si empezamos observando a nivel general, podemos ver que hay muchas cartas de reflexión, de valores, de creencias y de autoconocimiento. Tres arcanos miran hacia el pasado y dos hacia el futuro: combinaremos la experiencia con las ganas de hacer cosas nuevas. Cuatro arcanos de personas mayores y una sola que representa la juventud y los inicios. Cualquier cosa que deseemos empezar o realizar requerirá un análisis y reflexión. Esta mirada ya nos da una música.

Las dos Sacerdotisas ya hace años que nos indican la importancia de conectar con nuestro interior, de confiar en nuestra intuición. El Loco nos dice que, cuando estamos conectados con nosotros, somos capaces de ver hacia dónde queremos ir, cuáles son nuestros deseos. Somos valientes y nos aventuramos a nuevos proyectos e iniciativas.

El Sumo Sacerdote, para este 2025, nos dice que será importante buscar la estabilidad, la tranquilidad, actuar con valores y ética en aquellos proyectos que queramos emprender. Nos recuerda la importancia de saber buscar ayuda cuando la necesitamos. Será importante que tomemos conciencia de que podemos ser referentes para otras personas y que somos modelos a seguir.

Las dos Sacerdotisas y el Sumo Sacerdote son arcanos que nos hablan de la espiritualidad. Será un año para poder conectar con nuestra trascendencia, con nuestra alma, con nuestros propósitos y sentido de la vida.

Si sumamos cada uno de los dígitos de este año, la suma nos da 9, que nos conecta con la energía del Ermitaño. Va a ser un año para poder ver de dónde venimos, para poder iluminar el camino andado. Podremos cerrar temas del pasado, hacer aprendizajes y así prepararnos para poder emprender una nueva etapa con una energía nueva.

¡Feliz 2025!

EL CUENTO DEL PALO DE BASTOS

Como ya he comentado, este año el protagonista de la *Agenda del Tarot 2025* será el palo de bastos. A continuación, vamos a empezar a conectar con la energía de este palo.

El palo de bastos está relacionado con el elemento de fuego, y representa la chispa, la pasión, la energía, la voluntad, la vitalidad, la confianza, los valores y las creencias. Los signos de fuego son: Aries, Leo y Sagitario. Esta energía es la que está presente de una u otra manera en cada una de las catorce cartas de este palo. Las figuras de la corte son sus máximos representantes, y las diez cartas numerales escenifican momentos cotidianos relacionados con este elemento.

Para que te resulte más fácil recordar y comprender las cartas numerales, vamos a hacerlo con un cuento, que a continuación narraré.

El **As de bastos** nos habla de la oportunidad que tenemos de empezar un proyecto que nos apasiona, en el que estamos dispuestos a poner toda la energía que haga falta. Pero no empezamos de cero, tenemos una buena base en la que nos apoyarnos, tenemos una buena vista e influencia sobre las personas y circunstancias (**2 Bastos**). Aunque contamos con una buena base, ésta nueva oportunidad es algo nuevo, que nos llevará a «bajar» de nuestros dominios, mirar las nuevas oportunidades y ser competitivos, y, para ello, es fundamental contar con una buena inteligencia emocional (**3 Bastos**). Gracias a todo esto, podemos celebrar que hemos conseguido algo que es importante para nosotros, que queremos compartir con los demás (**4 Bastos**). No debemos dormirnos, pues debemos seguir luchando limpiamente para ser competitivos y defender nuestros proyectos (**5 Bastos**). Todo ello nos llevará al éxito personal y al reconocimiento por parte de los demás (**6 Bastos**). Muchas veces lo más difícil es mantener el éxito, y es aquí donde tendremos que estar vigilantes para poder ir superando las diferentes dificultades que vayan surgiendo (**7 Bastos**). A la vez, tenemos que seguir pensando en los nuevos proyectos que van apareciendo con rapidez (**8 Bastos**). Con tanto proyecto, corremos el riesgo de ir perdiendo energía, y es aquí donde pueden aparecer dificultades del pasado que nos hagan poner barreras (**9 Bastos**). Y estamos ya tan cansados que estamos llegando al final y no nos quedan fuerzas, y es aquí donde debemos ser conscientes de que es importante delegar y no asumir más cargas de las que podemos llevar (**10 Bastos**). Es importante que hagamos el último esfuerzo, ya que nos queda poco.

Creo que con esta introducción y este cuento ya estamos preparados para poder empezar este año en compañía este palo de bastos.

PLANIFICADOR
MENSUAL

LUNES	MARTES	MIÉRCOLES	JUEVES	VIERNES	SÁBADO	DOMINGO
☐	☐	☐	☐	☐	☐	☐
☐	☐	☐	☐	☐	☐	☐
☐	☐	☐	☐	☐	☐	☐
☐	☐	☐	☐	☐	☐	☐
☐	☐	☐	☐	☐	☐	☐

RECORDATORIOS

ENERO

Lectura de los Reyes Magos

El 6 de enero es una fecha mágica: es el día en que los Reyes Magos de Oriente nos traen sus regalos. Con esta lectura, los Reyes Magos nos van a ayudar a mejorar nuestra vida en tres ámbitos distintos, es decir, en la prosperidad, en nuestras creencias y proyectos y en nuestras emociones. Conecta con esta energía tan mágica a la hora de realizar esta lectura.

Puedes realizarla sólo con los 22 arcanos mayores o con los 78.

¿Qué puedo hacer para mejorar mi **PROSPERIDAD**?

¿Qué puedo hacer para potenciar mis **CREENCIAS Y PROYECTOS**?

¿Qué puedo hacer para mejorar mis **EMOCIONES**?

Haz tu propia lectura. Recorta las cartas que encontrarás al final de esta agenda y colócalas como se indica.

ENERO

1 MIÉRCOLES

6 DE OROS: soy capaz de ser justo y generoso conmigo y con los demás.

2 JUEVES

3 VIERNES

4 SÁBADO

5 DOMINGO

Mi carta para la semana es el 3 de bastos.
¿Qué me aconseja?
....
....

ENERO

ARCANO: **AS DE BASTOS**

El As de bastos es un arcano que nos habla de una oportunidad que nos ofrece el destino para iniciar algo que nos apasione, algún proyecto que nos motive, algo que nos incentive.

Observamos una mano procedente del futuro, que puede ser una oportunidad nueva, que desconocíamos hasta el momento. Esta mano sostiene con fuerza este basto, nos muestra la fuerza y energía con que podemos tomar esta oportunidad.

Éste es el primer basto que se nos presenta. Si nos fijamos bien, vemos que de él salen unos pequeños brotes, que es la fertilidad de este proyecto, de esta iniciativa. A lo lejos, encima de una montaña, aparece un castillo, que representa su objetivo de construir algo ambicioso.

En la interpretación, este arcano nos indica nuevos proyectos personales, laborales o de iniciativas que nos apasionan. Es un arcano de liderazgo. Tiene la energía, el coraje, la ambición y las ganas para poder liderar cualquier iniciativa. En el amor nos puede hablar de inicios y de pasión sexual. En el trabajo son nuevas oportunidades. La creencia por la que luchamos es el crecimiento personal.

¿Qué nuevas oportunidades se están presentando en tu vida?

ENERO

6 LUNES

El Ermitaño: iluminando mi interior, puedo ver mis «dones».

7 MARTES

8 MIÉRCOLES

9 JUEVES

10 VIERNES

Mi carta para la semana es el 9 de oros.
¿Qué me aconseja?

ENERO

COMBINACIÓN: LA TORRE Y AS DE BASTOS

En esta combinación observamos el arcano de la Torre, que nos habla de las circunstancias en la vida en las que todo se nos desmorona. El rayo representa a los imprevistos que aparecen de manera inesperada, que no podemos prever, que nos cogen desprevenidos. El fondo oscuro hace referencia a la falta de luz, la preocupación cuando advertimos que las cosas se vienen abajo.

El As de bastos, después de la Torre, nos indica que después del derrumbe vienen las oportunidades. Una vez se ha desmoronado lo que ya no nos hacía falta o nos oprimía, es el momento de empezar de nuevo. Se nos presenta una oportunidad para comenzar un nuevo proyecto con ganas, con pasión, con energía. Sólo tenemos que tomar ese basto que procede del futuro.

Debemos tener en cuenta que el orden de los arcanos es importante. La interpretación sería muy distinta si primero sale el As y después la Torre. Aquí indicaría que eso nuevo que estamos iniciando no tiene la base suficiente y que tiende a derrumbarse.

11 SÁBADO

12 DOMINGO

ENERO

13 LUNES

5 DE OROS: en las dificultades tengo la capacidad de buscar ayuda y apoyarme en los demás.

14 MARTES

15 MIÉRCOLES

16 JUEVES

17 VIERNES

Mi carta para la semana es el 3 de oros.
¿Qué me aconseja?
....
....
....

ENERO

ANIVERSARIO DE LA ESCUELA MARILÓ CASALS

Como cada año en estas fechas celebramos el aniversario de la escuela. Con éste, ya son veinticinco años los que llevamos enseñando y formando a tarotistas y astrólogos. ¡Veinticinco años me parecen muchos!

El 10 de enero del año 2000, empezamos con un curso de tarot con ocho alumnos y otro de astrología con cinco. Ahora, cuando miro atrás, me parece un acto heroico. No éramos conscientes del reto, pero sí creíamos en el proyecto, y esto es lo que nos dio las fuerzas.

Estos veinticinco años han pasado muy rápido y me siento feliz y muy orgullosa de todo lo que hemos logrado. Hemos hecho cosas y llegado a lugares que nunca hubiésemos imaginado. Y esto ha sido gracias a la gente, que siempre nos ha acompañado. Gracias a los alumnos que han confiado en nosotros, en los cursos presenciales y más adelante en los cursos en línea y a través de Zoom. Gracias a los profesores, que siempre se han entregado a la escuela y a los alumnos. Gracias a todo el equipo que forma parte de la escuela, que se ha entregado, implicado y lo ha dado todo para poder llegar hasta aquí. Gracias al proyecto de los congresos, que nos ha permitido llegar a lugares lejanos.

Gracias al tarot y a la vida.

---

18 SÁBADO

---

19 DOMINGO

ENERO

20 LUNES

10 DE COPAS: agradezco todo lo bueno que me ha proporcionado mi familia.

21 MARTES

22 MIÉRCOLES

23 JUEVES

24 VIERNES

Mi carta para la semana es la Torre.
¿Qué me aconseja?
....
....

ENERO

Señala los conceptos que corresponden a la energía de los bastos. Y, si quieres, también los otros 3 palos (oros, copas y espadas).

Pasión
Trabajo
Intelectualidad
Emociones
Confianza
Sentimientos
Paciencia
Análisis
Energía
Entusiasmo
Voluntad
Lógica
Imaginación
Sentido práctico
Realismo
Perseverancia
Intuición
Razón
Vitalidad

AS DE BASTOS

25 SÁBADO

26 DOMINGO

PLANIFICADOR
MENSUAL

LUNES	MARTES	MIÉRCOLES	JUEVES	VIERNES	SÁBADO	DOMINGO
☐	☐	☐	☐	☐	☐	☐
☐	☐	☐	☐	☐	☐	☐
☐	☐	☐	☐	☐	☐	☐
☐	☐	☐	☐	☐	☐	☐
☐	☐	☐	☐	☐	☐	☐

RECORDATORIOS

FEBRERO
Lectura del propósito

A principios de año es cuando hacemos nuestros propósitos. Realiza una lista con ellos y elige el que creas que es más importante. Esta lectura te permitirá enfocarte en tu propósito. Con ella, podrás ver las facilidades, los recursos y también ser consciente de los retos que puedan presentarse.

Puedes realizar esta lectura sólo con los 22 arcanos mayores o con los 78.

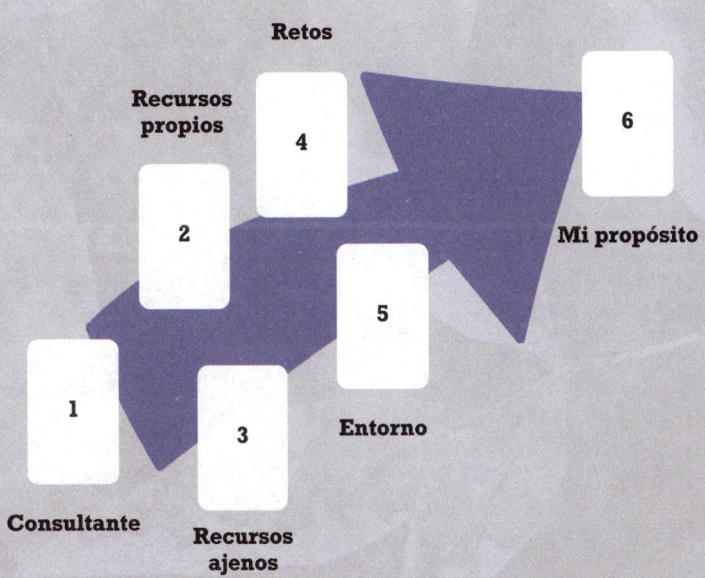

Haz tu propia lectura. Recorta las cartas que encontrarás al final de esta agenda y colócalas como se indica.

ENERO

27 LUNES

Los Enamorados: tomo las decisiones desde mi corazón.

28 MARTES

29 MIÉRCOLES

30 JUEVES

31 VIERNES

Mi carta para la semana es el As de oros.
¿Qué me aconseja?

FEBRERO

HERRAMIENTAS PARA TAROTISTAS:
EMPRENDIMIENTO Y TAROT

Una de las salidas que tiene estudiar y aprender tarot es emprender y crear tu propio negocio. Cuando un@ crea su propio emprendimiento, tiene varios beneficios:

1) Eres tu propi@ jef@. No tienes que rendir cuentas a nadie y tomas tus propias decisiones.

2) Flexibilidad horaria. Puedes organizar tus horarios, y eso te permite la mejor conciliación familiar o tiempo para hacer lo que desees.

3) Libertad para definir tus objetivos y ejercer como creas conveniente. Tú defines tus propias metas, objetivos, manera de trabajar, etc.

Si deseas crear tu propio emprendimiento con el tarot, a continuación te muestro algunos consejos: define bien tu proyecto, piensa bien qué quieres ofrecer. Haz un buen plan de negocio, analiza el mercado y la competencia. Analiza los costes. Crea tu propia marca que te diferencie de los demás. Identifica bien los servicios que ofreces. Pon valor a tus servicios, teniendo en cuenta el tiempo que dedicas y el tipo de servicio que ofreces.

1 SÁBADO

2 DOMINGO

FEBRERO

3 LUNES

9 DE BASTOS: puedo dejar atrás aquellos temas que ya no me valen.

4 MARTES

5 MIÉRCOLES

6 JUEVES

7 VIERNES

Mi carta para la semana es el 2 de oros.
¿Qué me aconseja?
....
....
....

FEBRERO

ARCANO: 2 DE BASTOS

En el 2 de bastos, observamos a un hombre en lo alto de un castillo que representa todo lo que ha conquistado y construido. Está observando hacia dónde puede seguir ampliando su imperio. El globo terráqueo que sostiene en su mano derecha representa que tiene influencia sobre personas y circunstancias. Con su mano izquierda sostiene el basto que se apoya sobre lo que ha conquistado. El personaje va vestido de colores naranja y marrón, y es optimista y práctico. Su sombrero rojo nos habla de sus pensamientos apasionados y enérgicos.

Este arcano nos recuerda la importancia de basarnos en lo que ya tenemos, en lo que hemos construido o conquistado a la hora de podernos expandir a nuevos horizontes. Hace referencia a personas que tienen influencia y que, en algún momento, pueden ayudarnos. Su parte negativa podría ser una persona que sólo se dedica a sus proyectos y se olvida de disfrutar de los placeres de la vida.

En el trabajo nos puede hablar de un trabajo estable y con buenas perspectivas de futuro. En el tema amoroso, nos hablará de alguien cuya relación es importante, pero a quien tal vez no le esté prestando la suficiente atención. En cuanto a crecimiento personal, es una persona con unas creencias fuertes y que está deseando compartirlas o imponérselas a los demás.

¿Hacia dónde deseas ampliar tu influencia? ¿Tienes en cuenta tus bases y te sirven de apoyo?

8 SÁBADO

9 DOMINGO

FEBRERO

10 LUNES

8 DE ESPADAS: puedo soltar todo lo que me ata del pasado.

11 MARTES

12 MIÉRCOLES

13 JUEVES

14 VIERNES

Mi carta para la semana es el Diablo.
¿Qué me aconseja?
....
....

FEBRERO

COMBINACIÓN: 2 DE OROS Y 2 DE BASTOS

En esta combinación, tenemos dos arcanos con el número dos. Esto ya nos puede indicar la necesidad de adaptación. El 2 de oros nos habla de una situación en la que estamos moviendo todos los recursos que tenemos en nuestras manos para poder adaptarnos a las circunstancias. Nos puede estar informando de inestabilidad económica y/o emocional. Pero la carta que tiene al lado nos indica que podrá llegar a encontrar esa estabilidad que tanto ansía.

El 2 de bastos, después del 2 de oros, nos dice que los esfuerzos y recursos que ha utilizado el 2 de oros han dado sus frutos. Gracias a ese esfuerzo, el 2 de bastos ha conseguido tener una buena base, un prestigio e influencia en sus manos. El personaje del 2 de bastos está mirando hacia el otro dos; es consciente y recuerda el esfuerzo que ha tenido que hacer. Eso le ha enseñado y mira al futuro sabiendo de dónde viene y hacia dónde quiere ir con sus nuevos proyectos.

Si cambiamos el orden de estos dos arcanos, podríamos ver que teníamos una buena base y que la tendencia es que podríamos perder esta estabilidad por no mirar ni tener en cuenta los recursos materiales que tenemos en nuestras manos.

15 SÁBADO

16 DOMINGO

FEBRERO

17 LUNES

El Loco: soy libre y capaz de empezar aquello que decida.

18 MARTES

19 MIÉRCOLES

20 JUEVES

21 VIERNES

Mi carta para la semana es la Sota de oros.
¿Qué me aconseja?
....
....
....

FEBRERO

Redacta 3 frases / interpretaciones, usando los distintos conceptos clave de cada carta.

Capacidad de lucha
Mantenerse alerta
Ver venir las dificultades

Creatividad
Jefa
Disfrutar

Éxito
Conquista
Liderazgo

1 ____
2 ____
3 ____

---

22 SÁBADO

---

23 DOMINGO

PLANIFICADOR
MENSUAL

LUNES	MARTES	MIÉRCOLES	JUEVES	VIERNES	SÁBADO	DOMINGO
☐	☐	☐	☐	☐	☐	☐
☐	☐	☐	☐	☐	☐	☐
☐	☐	☐	☐	☐	☐	☐
☐	☐	☐	☐	☐	☐	☐
☐	☐	☐	☐	☐	☐	☐

RECORDATORIOS

MARZO

¿Cuál es mi habilidad personal?

Esta lectura te ayudará a descubrir, creer y potenciar tus habilidades personales. Concéntrate, piensa en ti y pregúntate: «¿Cuáles son mis habilidades más importantes?». En esta lectura podrás ver cómo estás en estos momentos, tus habilidades innatas, las adquiridas, cómo puedes potenciarlas y cómo hacerlo.

Puedes realizarla sólo con los 22 arcanos mayores o con los 78.

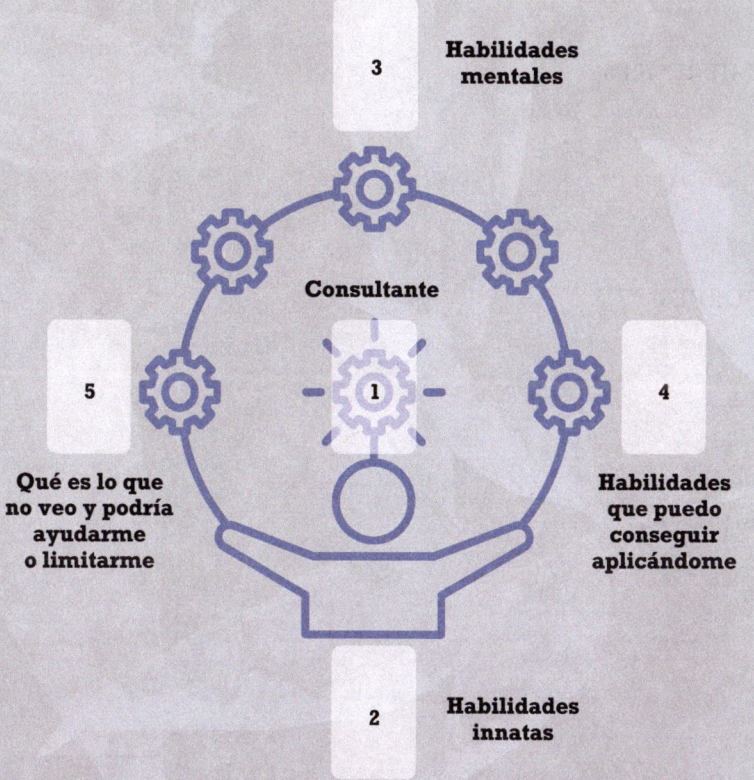

Haz tu propia lectura. Recorta las cartas que encontrarás al final de esta agenda y colócalas como se indica.

FEBRERO

24 LUNES

LA JUSTICIA: me comprometo conmigo misma siendo justa.

25 MARTES

26 MIÉRCOLES

27 JUEVES

28 VIERNES

Mi carta para la semana es el Rey de bastos.
¿Qué me aconseja?
....
....
....

MARZO

HERRAMIENTAS PARA TAROTISTAS:
LOS VALORES EN LA CONSULTA

Nosotros defendemos y creemos en un tarot con valores y ética. Como ya has podido comprobar al principio de esta agenda, tenemos un código ético. En la consulta es donde realmente lo pondremos en práctica.

En muchas ocasiones, algún consultante nos pide que decidamos por él. Nos dicen: «Dígame, ¿qué tengo que hacer?». En estos casos, nosotros deberemos recordarles que el tarot sirve para orientar y aconsejar, pero que la última palabra la tiene el consultante, que es quien deber responsabilizarse de su vida.

En otras ocasiones, el consultante nos puede hacer preguntas que no son éticas. Recordemos que, como tarotistas, no estamos obligados a responder a todo. Frente a según qué preguntas, podemos decir que tenemos un código que no nos permite responder. Esto puede darse cuando nos hacen preguntas para cotillear la vida de otras personas sin su permiso. O cuando quieren saber si alguien fallecerá. En estas cosas, la ética es importante.

---

1 SÁBADO

---

2 DOMINGO

MARZO

3 LUNES

La Sacerdotisa: conecto y confío en mi intuición.

4 MARTES

5 MIÉRCOLES

6 JUEVES

7 VIERNES

Mi carta para la semana es el Carro.
¿Qué me aconseja?
....
....

MARZO

ARCANO: 3 DE BASTOS

En el 3 de bastos vemos cómo un personaje mira el horizonte. Bien podría ser el personaje del 2 de bastos que ha bajado del castillo para ir a la conquista de sus objetivos. El fondo de la carta es amarillo. Nos indica la claridad, la inteligencia práctica con la que cuenta nuestro personaje. Al fondo podemos ver un mar de color amarillo con tres barquitos. El mar representa las emociones y el amarillo la inteligencia, que nos indica la inteligencia emocional con la que cuenta el personaje para conseguir su objetivo. Nos está dando la espalda. Si algo no le interesa, tiene la capacidad para darle la espalda y abrirse a nuevas oportunidades.

En la interpretación, este arcano nos habla de ir a la búsqueda de nuevas oportunidades, conectados con nuestra inteligencia emocional. En el trabajo nos habla de estar abiertos a nuevas oportunidades de comercio (barquitos), nuevos horizontes laborales. En el amor, necesitamos nuevos retos en la pareja; de lo contrario, no nos abriremos a nuevas personas. En cuanto al crecimiento personal, señala creencias y valores que necesitan renovarse.

¿Estás abierto a nuevas oportunidades? ¿Eres capaz de dar la espalda a lo que no deseas?

8 SÁBADO

9 DOMINGO

MARZO

10 LUNES

REY DE COPAS: me muevo al son de mi corazón.

11 MARTES

12 MIÉRCOLES

13 JUEVES

14 VIERNES

Mi carta para la semana es el 6 de espadas.
¿Qué me aconseja?
....
....
....

MARZO

COMBINACIÓN: LA RUEDA DE LA FORTUNA Y 3 DE BASTOS

La Rueda de la Fortuna nos informa de las oportunidades que nos ofrece la vida para poder avanzar y crecer en todos los ámbitos. También nos puede hablar de dinero. Es un arcano que nos motiva para que nos expandamos, y que nos aporta optimismo y facilidades. La carta que le sigue potencia esta energía.

El 2 de bastos, después de la Rueda de la Fortuna, nos indica que las circunstancias que se han puesto en marcha tendrán salida. El personaje está mirando hacia el futuro y está dispuesto a aprovechar todo lo que le ofrece la Rueda. Tiene la claridad mental, la inteligencia emocional, el coraje y la valentía para poder llegar lo más lejos posible. A la oportunidad de la Rueda se le unen las de los barcos que están en el horizonte. Nos puede hablar de nuevos proyectos laborales y mejoras económicas.

Si la combinación estuviese al revés, primero el 3 de bastos, nos indicaría que las nuevas oportunidades proceden del esfuerzo de nuestro personaje, y que aquello que ha empezado será potenciado por la Rueda.

15 SÁBADO

16 DOMINGO

MARZO

17 LUNES

REINA DE ESPADAS: me concentro y dirijo mis pensamientos hacia el futuro.

18 MARTES

19 MIÉRCOLES

20 JUEVES

21 VIERNES

Mi carta para la semana es la Emperatriz.
¿Qué me aconseja?

MARZO

CONGRESOS DE TAROT

Los congresos de tarot son espacios donde se comparten conocimientos, emociones y la pasión por nuestra herramienta. Allí, las personas de distintos países e intereses buscan ser mejores profesionales y luchan para dignificar el tarot.

Existen numerosos congresos de tarot unidos por la Red Internacional de Congresos de Tarot, de la que forma parte el Congreso de Barcelona, España, México, Argentina, Ecuador, Chile, Uruguay, Colombia, Venezuela, Miami (USA), Portugal e Italia.

En los congresos aprendemos de las distintas miradas de los profesionales que, con generosidad, comparten sus conocimientos y experiencia. Practicamos distintas técnicas en la parte más práctica de los congresos y dinámicas de grupo. Y conocemos y compartimos experiencias y vivencias del tarot con otras personas de distintos lugares del mundo.

Participar en los congresos nos ayuda a estar al día de las nuevas miradas del tarot y a poder hacer lecturas más ricas. Nos permite establecer contactos, con los que podemos compartir y generar intercambios profesionales. Nos ayuda a mejorar el sector y a dignificarlo.

¡No te pierdas la experiencia de participar en un congreso!

Síguenos en Instagram @redinternacionalcongresostarot y en la web www.redinternacionalcongresosdetarot.com

22 SÁBADO

23 DOMINGO

EQUINOCCIO DE PRIMAVERA

EL 20 DE MARZO EMPIEZA LA PRIMAVERA EN EL HEMISFERIO NORTE[1]

En los equinoccios las horas de luz igualan a las horas de oscuridad. La carta de la Estrella representa al equinoccio de primavera. Es el momento del año en el que la naturaleza empieza a cobrar vida. Todo aquello que durante el invierno ha estado descansando ahora despierta. Te recomiendo que pasees por la naturaleza y seas consciente de la energía mágica de esta época del año. Observa cómo van brotando los árboles, fíjate en sus colores brillantes, en cómo comienzan a aparecer las flores, en cómo los pájaros cantan más fuerte y empiezan a cortejarse, en el aire que huele a vida y en que la energía vibra y es chispeante.

Es un buen momento para pensar en nosotros, en qué es lo que queremos que despierte en nosotros y qué es lo que estaba dormido. Para poder descubrir todo esto, es importante que conectes con tu interior, ya que de esta manera podrás estar atento a las señales que te está mandando el universo. Éstas te conectarán con tu propósito de vida, y desde ese lugar podrás ver cuál es tu misión. Podrás iniciar una nueva etapa de tu vida, un nuevo ciclo para poder crecer y florecer.

---

1. Si eres del hemisferio sur, dirígete al equinoccio de otoño.

Medita un poco, preferiblemente en la naturaleza. Intenta conectar con esta nueva energía que se está manifestando.

Si lo deseas, puedes ponerte en la misma posición que el personaje de la carta de la Estrella. Conecta con tus emociones y piensa qué debes soltar para poder sanar. Visualiza cómo vas soltando aquellas emociones que ya no te resultan útiles.

Ahora que ya has soltado, es un buen momento para soñar, para poder conectar con tus ilusiones y nuevos proyectos que deseas que crezcan en esta nueva estación que empieza.

Elige tres estrellas de la carta, dibuja una flecha y anota tres deseos:

MARZO

24 LUNES

La Luna: cuando estoy insegura, la intuición es la que me ayuda a ver claro.

25 MARTES

26 MIÉRCOLES

27 JUEVES

28 VIERNES

Mi carta para la semana es el Juicio.
¿Qué me aconseja?

MARZO

HERRAMIENTAS PARA TAROTISTAS:
8 DE MARZO, DÍA INTERNACIONAL DE LA MUJER. LA REINA DE BASTOS

La Reina de bastos se relaciona con la diosa Artemisa. Representa el espíritu femenino e independiente. Es la mujer que elige sus propias metas. Sabe cuidarse de sí misma. Tiene la capacidad de enfocarse y conseguir sus objetivos. Es una gran aventurera. Le encanta la naturaleza y tiene unos valores ecológicos. Pero el rasgo que deseo resaltar es que es una reina/diosa que se preocupa por las otras mujeres.

En la mitología, existen numerosos casos de violencia y violaciones a las mujeres. Artemisa es una diosa que muchas veces salvó a otras mujeres de ser forzadas. Ella representa a la mujer que es valiente y que defiende sus creencias y a las otras mujeres.

Este día, el 8 de marzo, podemos conectar y trabajar esta reina para que nos dé su fuerza, valores y ética para defender unos valores a favor de las otras mujeres y que nos ayude a luchar por un mundo más justo e igualitario. ¡Juntas vamos mejor, nos sentimos más seguras y llegamos más lejos!

29 SÁBADO

30 DOMINGO

PLANIFICADOR
MENSUAL

LUNES	MARTES	MIÉRCOLES	JUEVES	VIERNES	SÁBADO	DOMINGO
☐	☐	☐	☐	☐	☐	☐
☐	☐	☐	☐	☐	☐	☐
☐	☐	☐	☐	☐	☐	☐
☐	☐	☐	☐	☐	☐	☐
☐	☐	☐	☐	☐	☐	☐

RECORDATORIOS

ABRIL

Lectura del Ikigai

Ikigai, significa «razón de vivir». Esta lectura te permitirá ver cuál es tu pasión, tu razón de vivir. Podrás ver cuál es tu misión, tu talento y tu profesión. Puedes realizar esta lectura sólo con un arcano en cada posición o, si lo prefieres, colocando dos arcanos en cada posición para disponer de más información.

Puedes realizar esta lectura sólo con los 22 arcanos mayores o con los 78.

1 – TU PASIÓN
Lo que te llama

2 – TU MISIÓN
Lo que otros necesitan

3 – TU TALENTO
Lo que se te da bien

4 – TU PROFESIÓN
De lo que puedes cobrar

Haz tu propia lectura. Recorta las cartas que encontrarás al final de esta agenda y colócalas como se indica.

MARZO / ABRIL

31 LUNES

4 DE COPAS: soy capaz de poner orden en mis emociones.

1 MARTES

2 MIÉRCOLES

3 JUEVES

4 VIERNES

Mi carta para la semana es el Loco.
¿Qué me aconseja?

ABRIL

ARCANO: 4 DE BASTOS

El 4 de bastos es un arcano de celebración compartida. Observamos dos personajes que son distintos por sus vestiduras, que están alegres y celebrando que han conseguido algo que para ellos era importante. Estos cuatro bastos con la guirnalda de flores y frutas representan lo que han conseguido, lo que celebran, algo ordenado y con base. Detrás de estos personajes se observa también a otras personas que están celebrando algo. Otro de los conceptos de esta carta es el de adaptarse al entorno «allá donde fueres haz lo que vieres». Seguimos con este fondo amarillo que nos conecta con la claridad e inteligencia práctica.

En la interpretación, este arcano nos informa de una celebración por algo que hemos conseguido y que ha dado sus frutos. En el amor nos puede hablar de una celebración familiar, felicidad, pasión. Nos informa de una pareja que se siente feliz y a la que le gusta hacer vida social. En el trabajo nos indica que hemos conseguido algo importante y que lo celebramos colectivamente. Nos sentimos bien integrados en todos los ámbitos en la familia, trabajo, amigos. Es el crecimiento personal que nos habla de creencias y valores compartidos con otros.

¿En estos momentos de tu vida qué podrías celebrar? ¿Cómo te adaptas a los nuevos lugares?

---

5 SÁBADO

---

6 DOMINGO

ABRIL

7 LUNES

2 DE ESPADAS: consigo unir mi mente y mi corazón.

8 MARTES

9 MIÉRCOLES

10 JUEVES

11 VIERNES

Mi carta para la semana es el As de copas.
¿Qué me aconseja?

ABRIL

COMBINACIÓN: 4 DE BASTOS Y 10 DE COPAS

En estos dos arcanos, observamos personas compartiendo y celebrando. Personas con actitudes abiertas y cielos despejados. A simple vista, ya recibimos una sensación de alegría compartida. El 4 de bastos nos habla de situaciones en las que nos sentimos felices y celebramos algo que para nosotros es importante. Junto al 10 de copas, podría decirnos que, además, decide celebrarlo con la familia.

Puede ser una celebración por el éxito de un tema laboral o un proyecto (bastos) o por algún motivo familiar, como una boda, un nacimiento, etc. Estas dos cartas nos invitan a socializar, a salir y a compartir con los demás la alegría.

Ambos arcanos están fuera de las construcciones, casas, castillo o fortaleza. Nos indican que nos encontramos en un entorno seguro, nos invitan a salir de nuestra zona de confort con los demás o para encontrarnos con los otros, porque podremos tener buenas experiencias.

Los brazos abiertos de todos también nos puede indicar que es un buen momento para dar las gracias por todo lo bueno que nos da la vida y también a las personas que están con nosotros.

12 SÁBADO

13 DOMINGO

ABRIL

14 LUNES

Caballo de bastos: defiendo mis creencias y mis valores.

15 MARTES

16 MIÉRCOLES

17 JUEVES

18 VIERNES

Mi carta para la semana es el Mundo.
¿Qué me aconseja?

ABRIL

¿Qué frase corresponde a cada carta?

Disfrutar de lo bello

Proyectos bien orientados

Debate de ideas y proyectos

Valorar dónde estamos

Comunicar con energía

Ideas originales

Nuevos horizontes

Orientación y consejo

19 SÁBADO

20 DOMINGO

ABRIL

21 LUNES

7 de copas: sueño alto para que mis sueños sean escuchados.

22 MARTES

23 MIÉRCOLES

24 JUEVES

25 VIERNES

Mi carta para la semana es el 3 de copas.
¿Qué me aconseja?

ABRIL

HERRAMIENTAS PARA TAROTISTAS:
OBSERVAR LOS BASTOS

Cuando observamos *grosso modo* las cartas del palo de bastos, tan sólo con su posición, obtenemos una información valiosa.

- Bastos sostenidos por algún personaje: nos indica que el personaje es consciente de su fuerza y valor y los utiliza. La mayoría de los bastos están agarrados por la mano derecha, se están utilizando desde la razón. La Sota de bastos es la única que sostiene el basto con sus dos manos: une corazón y razón.
- Bastos que están delante del personaje: nos hablan de los proyectos que están a su alcance y en el futuro.
- Bastos que están detrás: son proyectos del pasado o los que nuestro personaje no está viendo o no quiere ver.
- Bastos y su colocación: cuando están ordenados, nos hablan de proyectos organizados. En el 5 de bastos están desorganizados.

Cuando dispongas de un arcano, fíjate en estos detalles globales, ya que siempre nos proporcionan una buena información.

26 SÁBADO

27 DOMINGO

PLANIFICADOR
MENSUAL

LUNES	MARTES	MIÉRCOLES	JUEVES	VIERNES	SÁBADO	DOMINGO
☐	☐	☐	☐	☐	☐	☐
☐	☐	☐	☐	☐	☐	☐
☐	☐	☐	☐	☐	☐	☐
☐	☐	☐	☐	☐	☐	☐
☐	☐	☐	☐	☐	☐	☐

RECORDATORIOS

MAYO

Lectura para encontrar trabajo

Se trata de una lectura que resulta muy útil cuando necesitamos encontrar trabajo. Esta lectura nos permitirá ver cómo nos encontramos en estos momentos, tanto anímica como emocionalmente, y nos informará sobre qué podemos hacer para encontrarlo y cuáles son las dificultades o recursos, además de proporcionarnos unos cuantos consejos.

Puedes realizar esta lectura sólo con los 22 arcanos mayores o con los 78.

Haz tu propia lectura. Recorta las cartas que encontrarás al final de esta agenda y colócalas como se indica.

ABRIL/MAYO

28 LUNES

Rey de espadas: analizo y me concentro en lo importante.

29 MARTES

30 MIÉRCOLES

1 JUEVES

2 VIERNES

Mi carta para la semana es los Enamorados.
¿Qué me aconseja?

MAYO

HERRAMIENTAS PARA TAROTISTAS:
CÓMO VER SI ALGUIEN ES DEL PASADO

Ésta es una de las preguntas recurrentes en las consultas de tarot. Lo primero que deberemos hacer es identificar la carta que representa a nuestro/a consultante.

Identificación de los personajes:

- Cuando en una lectura utilizamos sólo los 22 arcanos mayores, los personajes son: Sumo Sacerdote, Sacerdotisa, Emperador, Emperatriz, Carro y Estrella.
- Cuando en una lectura usamos los 78 arcanos, además de los personajes que utilizamos con los 22 arcanos que acabamos de explicar, hay que incluir a los reyes y reinas, las sotas y los caballeros.

Una de las claves para poder saber si la persona por la que nos pregunta él/la consultante pertenece al pasado es la mirada:

- Si está detrás de nuestra/o consultante será del pasado.
- Si está delante y cerca es alguien del presente.
- Si está delante pero más distanciada nos habla de alguien del futuro.

Ahora te animo a que practiques todo esto con detenimiento.

---

3 SÁBADO

---

4 DOMINGO

MAYO

5 LUNES

La Emperatriz: agradezco y disfruto de todo lo bueno que me concede la vida.

6 MARTES

7 MIÉRCOLES

8 JUEVES

9 VIERNES

Mi carta para la semana es el 2 de bastos.
¿Qué me aconseja?

MAYO

ARCANO: 5 DE BASTOS

En el arcano 5 de bastos, podemos observar a cinco personas distintas que están defendiendo y luchando por sus posiciones. Recordemos que los bastos también nos hablan de creencias y valores, tal vez porque cada uno de ellos está defendiendo sus creencias e intentando imponer sus opiniones al resto. Se parece a los debates de política o de religión en los que todos quieren convencer a todos, pero nadie quiere ser convencido.

Este arcano nos habla de luchas, pero de luchas sanas, en las que vamos de cara. También puede hablarnos de luchas internas, de esos momentos en la vida en los que uno tiene varias opciones y se debate interiormente para encontrar la mejor.

En la interpretación veremos competitividad, competencia, defensa de posturas, voluntad de imponerse a los demás, luchas internas y debates. En el trabajo tendremos que mostrarnos enérgicos y defender nuestro puesto y opinión frente a los demás. En el amor y en las relaciones solemos tender a ser competitivos y querer salirnos con la nuestra, pero cuidado con no dar el espacio suficiente a los demás. Confrontamos nuestras creencias y valores para nuestro crecimiento personal.

¿Cómo defiendes tus posturas? ¿Cómo están tus creencias y valores?

---

10 SÁBADO

---

11 DOMINGO

MAYO

12 LUNES

8 DE COPAS: tengo la fuerza necesaria para marcharme de los lugares en los que no me siento bien.

13 MARTES

14 MIÉRCOLES

15 JUEVES

16 VIERNES

Mi carta para la semana es el Emperador.
¿Qué me aconseja?

MAYO

COMBINACIÓN: **EL SUMO SACERDOTE Y 5 DE BASTOS**

Si observamos a estos dos arcanos, podemos ver que hay varias personas en la imagen. El Sumo Sacerdote puede hablarnos de alguien con experiencia, con conocimiento, con cierto prestigio, que nos escucha, enseña y aconseja. También representa nuestros valores y creencias. En este sentido, puede ser un maestro, un mediador o un especialista.

Si hablamos de creencias y valores, el 5 de bastos que le sigue nos dice que éstos serán discutidos y debatidos. Si hablamos de un especialista, puede indicar la necesidad de buscar otras opiniones para poder confrontarlas y ver cuál es la mejor. Si nos fijamos en las imágenes, el Sumo Sacerdote es mucho mayor que el resto de personas, lo que puede indicar que sabe mucho más o que tal vez desee imponerse.

Si la combinación estuviese invertida, primero el 5 de bastos y después el Sumo Sacerdote, nos podría estar hablando de una situación conflictiva que necesita un mediador para poder aclararla u ordenarla.

17 SÁBADO

18 DOMINGO

MAYO

19 LUNES

7 DE OROS: soy paciente y cuido de mis esfuerzos.

20 MARTES

21 MIÉRCOLES

22 JUEVES

23 VIERNES

Mi carta para la semana es el 7 de oros.
¿Qué me aconseja?

MAYO

Sopa de letras

Busca 8 palabras relacionadas con el tarot.

R	E	M	I	S	U	F	O	C	E
E	S	O	B	A	R	A	J	A	N
I	P	B	A	G	A	R	E	R	O
B	A	S	T	O	S	Q	A	T	I
A	D	R	I	G	O	U	G	A	D
S	A	P	O	C	S	E	A	P	E
A	S	M	L	E	C	T	U	R	A
I	P	O	J	C	O	I	M	A	S
R	E	D	U	I	M	P	U	B	I
O	L	A	S	V	E	O	R	O	S

24 SÁBADO

25 DOMINGO

PLANIFICADOR
MENSUAL

LUNES	MARTES	MIÉRCOLES	JUEVES	VIERNES	SÁBADO	DOMINGO
☐	☐	☐	☐	☐	☐	☐
☐	☐	☐	☐	☐	☐	☐
☐	☐	☐	☐	☐	☐	☐
☐	☐	☐	☐	☐	☐	☐
☐	☐	☐	☐	☐	☐	☐

RECORDATORIOS

JUNIO

Lectura del dinero

El dinero es uno de los temas más habituales en las lecturas de tarot. Con esta lectura podrás ver las tendencias económicas del dinero que procede de nuestro trabajo, del dinero ahorrado y del dinero que nos viene de manera fácil, sin esfuerzo.

Puedes realizar esta lectura sólo con los 22 arcanos mayores o con los 78.

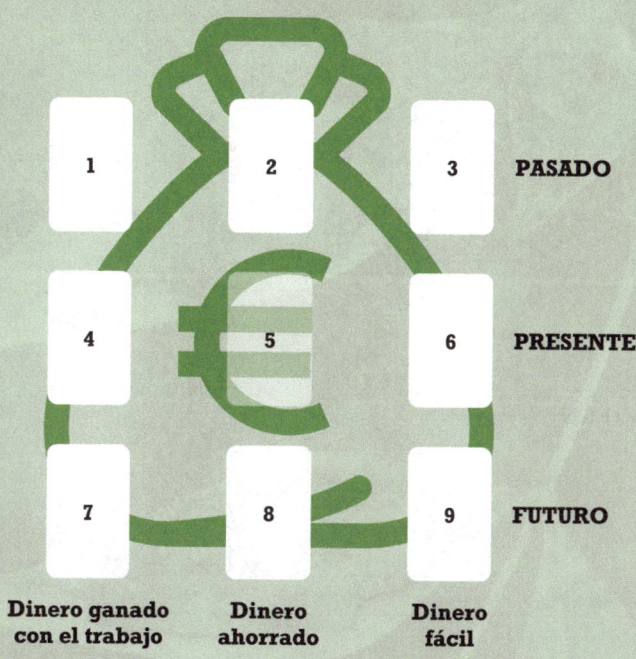

Haz tu propia lectura. Recorta las cartas que encontrarás al final de esta agenda y colócalas como se indica.

MAYO

26 LUNES

2 DE COPAS: me comprometo con quien me quiere bien.

27 MARTES

28 MIÉRCOLES

29 JUEVES

30 VIERNES

Mi carta para la semana es el Colgado.
¿Qué me aconseja?

MAYO / JUNIO

HERRAMIENTAS PARA TAROTISTAS:
¿CÓMO CALCULAR EL PRECIO DE TUS SERVICIOS DE TAROT?

Para poder ser un buen profesional es importante calcular bien el precio de tus servicios. Y, en primer lugar, es necesario que tengas claro cuáles son. Deberás pensar si quieres impartir clases o trabajar en una consulta; por tanto, tendrás que identificar tu línea de trabajo. A continuación, es importante que tengas claros varios puntos.

Experiencia: la experiencia es un valor. No es lo mismo el valor de un profesional que acaba de empezar que aquel del que tiene muchos años de experiencia.

Tiempo de dedicación: deberás ajustar el precio teniendo en cuenta el tiempo de dedicación que precisas.

Tus costes: es importante que sepas tus gastos, el alquiler, los impuestos, etc.

La zona en la que ofreces tus servicios: un precio adecuado hará que las personas puedan recurrir a tus servicios.

Escucha tu interior y tu corazón para asegurarte que estos precios son los justos para ti y que te hacen sentir bien.

¿Cuál sería el precio de tus servicios?

---

31 SÁBADO

---

1 DOMINGO

JUNIO

2 LUNES

4 de bastos: celebro mis logros con los demás.

3 MARTES

4 MIÉRCOLES

5 JUEVES

6 VIERNES

Mi carta para la semana es el 10 de copas.
¿Qué me aconseja?

JUNIO

ARCANO: 6 DE BASTOS

En el 6 de bastos observamos a un personaje triunfante montado en su caballo y que es aclamado por los demás. Se siente exitoso, lleva su corona en la cabeza y muestra su éxito con otra corona de laureles que sostiene en su basto. Está sobre un caballo blanco que simboliza nobleza haciendo una entrada triunfal.

Se trata de un arcano de éxito y de logros de los que uno se siente orgulloso de sí mismo, al mismo tiempo que los demás también reconocen ese triunfo. Nos habla de un éxito que uno se ha ganado, por el que ha luchado. Es una carta de reconocimiento.

En la interpretación, es una carta muy favorable, ya que nos puede hablar de reconocimiento público. En el ámbito laboral, podemos tener una mejora laboral y/o económica, así como algún premio o mención. En el terreno amoroso, nos sentimos exitosos en una relación que avanza bien y de la que nos sentimos orgullosos. Si no tenemos pareja, ésta es una carta para poder encontrarla. En cuanto a crecimiento personal, nos indica que tenemos unas creencias fuertes de las que nos sentimos satisfechos. También puede indicar que hemos superado una crisis personal.

¿En estos momentos de tu vida te sientes orgulloso de ti mismo? ¿Cuáles son tus logros?

7 SÁBADO

8 DOMINGO

JUNIO

9 LUNES

El Mundo: soy capaz de encontrar mi lugar en el mundo.

10 MARTES

11 MIÉRCOLES

12 JUEVES

13 VIERNES

Mi carta para la semana es el 8 de oros.
¿Qué me aconseja?

JUNIO

COMBINACIÓN: 8 DE OROS Y 6 DE BASTOS

Aquí observamos a dos personajes que miran hacia el futuro. El primero, el 8 de oros, está trabajando duro, con precisión, de manera ordenada y con tesón. Está utilizando todos sus recursos, está invirtiendo en su futuro. Su actitud es humilde y no tiene ojos para nada más que no sea su trabajo. Será en la siguiente carta donde recogerá sus frutos. El primer fondo de la carta es gris, está concentrado, y después se despeja con el 6 de bastos.

En el 6 de bastos podemos ver que todo el trabajo del 8 de oros tiene recompensa, que acabará consiguiendo el éxito por toda su labor. Su trabajo será reconocido y él aplaudido. Se sentirá orgulloso de sí mismo y de su labor. Sabrá disfrutar de esos momentos de aclamación y esta popularidad con seguridad hará que todo lo que ha realizado tenga más valor.

Si la combinación estuviese invertida, primero el 6 de bastos y después el 8 de oros, nos indicaría que después del éxito hay que seguir trabajando con responsabilidad y dedicación para poder seguir recogiendo éxitos.

14 SÁBADO

15 DOMINGO

SOLSTICIO DE VERANO

EL 20 DE JUNIO EMPIEZA EL SOLSTICIO DE VERANO EN EL HEMISFERIO NORTE[1]

La carta del Sol representa el verano. El solsticio de verano es el momento en el que el día tiene más horas de luz, y a partir de este instante, las horas de Sol empezarán a menguar hasta llegar al solsticio de invierno.

Es un buen momento para dar las gracias por todo lo que somos y todo lo que hemos conseguido. La carta del Sol representa la estación que empieza en estos momentos. El Sol es una carta de confianza en nosotros mismos.

Observa a tu alrededor, y, en concreto, a la naturaleza, y cómo esta estación ha cambiado los colores de tu entorno, cómo el calor ha modificado tu manera de vestir y de moverte en la vida, el olor, etc. Es tiempo de salir y hacer vida social: comemos en el jardín, pasamos más tiempo fuera. Es un buen momento para reflexionar sobre nuestra vida social y profesional. A nivel profesional, podemos preguntarnos: «¿Dónde estoy?», «¿Cuáles son mis objetivos?», «¿Qué debo agradecer?», «¿Qué retos se me presentan?». Y a nivel social: «¿Valoro a mis amistades?», «¿Tengo la vida social que deseo?», etc.

¡Feliz verano!

---

1. Si eres del hemisferio sur, dirígete al solsticio de invierno.

Busca un lugar en la naturaleza en el que te sientas a gusto y prepárate para poder meditar. Éste es un arcano que nos invita a dar las gracias a las personas que nos acompañan, nos quieren y ayudan.

Visualiza a las personas que este año te han acompañado y dales las gracias. Ahora piensa en las personas que te gustaría que te acompañasen en esta nueva estación y visualiza que están contigo.

Anota el nombre de dos personas que han sido importantes para ti y escribe lo que les agradeces. Después, anota el nombre de dos personas con las que desearías compartir algo.

Dos personas a quienes me gustaría darles las gracias:

1. Nombre .... te agradezco ....
2. Nombre .... te agradezco ....

Dos personas con quien deseo compartir algo:

1. Nombre .... desearía ....
2. Nombre .... desearía ....

JUNIO

16 LUNES

10 DE BASTOS: al delegar puedo avanzar más liviano.

17 MARTES

18 MIÉRCOLES

19 JUEVES

20 VIERNES

Mi carta para la semana es la Fuerza.
¿Qué me aconseja?

JUNIO

¿Cómo interpretarías esta lectura si preguntan por...

Pasado   Presente   Futuro

Amor _____

Trabajo _____

Dinero _____

---

21 SÁBADO

---

22 DOMINGO

JUNIO

23 LUNES

El Carro: estoy dispuesto a avanzar para poder llegar a mi meta.

24 MARTES

25 MIÉRCOLES

26 JUEVES

27 VIERNES

Mi carta para la semana es el As de espadas.
¿Qué me aconseja?

AS DE ESPADAS

JUNIO

HERRAMIENTAS PARA TAROTISTAS:
CÓMO CORTAR CON PREGUNTAS REPETITIVAS

La mayoría de l@s tarotistas nos hemos encontrado en la situación de tener un@ consultante que insiste una y otra vez con un mismo tema o pregunta. Así, durante la misma consulta o después nos busca para preguntar por lo mismo, y lo hace de manera insistente.

¿Qué podemos hacer en estos casos?

- Explicar al/la consultante que el tarot requiere su tiempo y que tiene que esperar para poder dejar que las cosas sucedan.
- Reforzar lo que ya vimos en la primera lectura: «como ya te dije…», «como ya vimos…».
- Decirle que el tarot no sirve para calmar ansiedades, sino que nos guía y nos orienta, que si necesita calmar su ansiedad, precisa a otro tipo de profesional, un@ terapeuta o psicólog@.
- Si todavía insiste, le podemos comentar: «Como ya te dije, tengo un código ético que me impide mirar el mismo tema o temas relacionados».

Debemos hacer todo esto sin juzgar y con una actitud empática.

28 SÁBADO

29 DOMINGO

PLANIFICADOR
MENSUAL

LUNES	MARTES	MIÉRCOLES	JUEVES	VIERNES	SÁBADO	DOMINGO
☐	☐	☐	☐	☐	☐	☐
☐	☐	☐	☐	☐	☐	☐
☐	☐	☐	☐	☐	☐	☐
☐	☐	☐	☐	☐	☐	☐
☐	☐	☐	☐	☐	☐	☐

RECORDATORIOS

JULIO

Lectura de mi sueño o proyecto

Se trata de una lectura para saber cómo podemos hacer realidad nuestros sueños o proyectos. Piensa cuáles son tus deseos, anótalos en un papel y elige los tres primeros. Puedes realizar esta lectura de cada uno de estos sueños para saber cuál de ellos te resulta más fácil.

Puedes realizar esta lectura sólo con los 22 arcanos mayores o con los 78.

1. ¿Es éste el sueño que realmente deseo?
2. ¿Cómo puedo concretarlo?
3. ¿Estoy listo? Si no ¿cuándo lo estaré?
4. ¿Qué o quién puede ayudarme?
5. ¿Qué debo evitar?
6. Consejo

Haz tu propia lectura. Recorta las cartas que encontrarás al final de esta agenda y colócalas como se indica.

JUNIO / JULIO

30 LUNES

El Colgado: puedo ver las cosas desde otro punto de vista.

1 MARTES

2 MIÉRCOLES

3 JUEVES

4 VIERNES

Mi carta para la semana es el 4 de bastos.
¿Qué me aconseja?

JULIO

ARCANO: 7 DE BASTOS

En el 7 de bastos, vemos a un personaje que se encuentra sobre un montículo, lo que le proporciona perspectiva y le permite ver venir las pequeñas dificultades que se hallan muy cerca de él. Tiene una actitud defensiva y su cabeza está por encima de todas esas dificultades. Con su actitud esperanzadora (ropa verde) y activa, puede prepararse y sortear los diferentes retos que se le presentan.

Este arcano nos recuerda que tenemos que confiar en nosotros mismos y en lo que hemos conseguido (montículo). Si estamos alerta y tenemos en cuenta la perspectiva que nos proporciona la experiencia y lo que hemos conseguido, podremos estar preparados para superar cualquier dificultad.

Debemos interpretar que se trata de un arcano luchador y activo. En el trabajo, nos hablará de algunas dificultades que tendremos que superar, y nos previene para que estemos alerta. En el amor, nos dice que es importante saber cuáles son los retos de la relación para que podamos ponernos manos a la obra lo antes posible. En cuanto al crecimiento personal, nos aconseja saber cuáles son los defectos que nos están impidiendo crecer. Debemos evitar estar demasiado a la defensiva.

¿Soy capaz de superar los obstáculos que se me están presentando?

5 SÁBADO

6 DOMINGO

JULIO

7 LUNES

Caballo de oros: avanzo consolidando y asegurando cada paso que doy.

8 MARTES

9 MIÉRCOLES

10 JUEVES

11 VIERNES

Mi carta para la semana es el 6 de copas.
¿Qué me aconseja?

JULIO

COMBINACIÓN: 9 DE ESPADAS Y 7 DE BASTOS

El 9 de espadas nos indica preocupación y falta de confianza en el futuro. Nos habla de aquellos momentos en los que no vemos salida a alguna situación. Nos sentimos sin fuerzas e incapaces de hacer nada, permanecemos inmóviles, atrapados en la mente, sin fuerzas.

El 7 de bastos que viene después nos muestra que acabaremos encontrando las fuerzas y las energías necesarias para poder levantarnos y seguir luchando. El cielo negro se volverá azul y nuestra mente se despejará. Reconectaremos con nuestras fuerzas y energías. Seremos capaces de ver lo que hemos conseguido y, con una actitud activa y más optimista, lucharemos para defender nuestra posición, haciendo frente a las dificultades que puedan presentarse.

Si la combinación es al revés, primero el 7 de bastos y después el 9 de espadas, indicaría que hemos estado luchando con ganas y energía, con coraje y buena predisposición, pero que, al final, si no hacemos nada, acabaremos rindiéndonos y tirando la toalla. Terminaremos derrotados y sin encontrar ninguna salida a la situación.

12 SÁBADO

13 DOMINGO

JULIO

14 LUNES

REINA DE COPAS: conecto con esas emociones que me empoderan.

15 MARTES

16 MIÉRCOLES

17 JUEVES

18 VIERNES

Mi carta para la semana es el 4 de oros.
¿Qué me aconseja?

JULIO

¿Qué significan los distintos elementos de la simbología de esta carta?

19 SÁBADO

20 DOMINGO

JULIO

21 LUNES

La Muerte: corto con todo aquello que ya no necesito.

22 MARTES

23 MIÉRCOLES

24 JUEVES

25 VIERNES

Mi carta para la semana es la Estrella.
¿Qué me aconseja?

JULIO

HERRAMIENTAS PARA TAROTISTAS:
CONSEJOS PARA LEER EL TAROT EN FERIAS Y FIESTAS

Como tarotistas profesionales, es posible que en algún momento nos llamen para poder leer y hacer consultas de tarot en alguna fiesta, feria o café. A continuación, muestro algunos consejos:

- **Prepara bien tu espacio:** si puedes elegir, busca el espacio que sea más tranquilo. Pon un poco de incienso para que el lugar esté lo más limpio posible a nivel energético. Ten un reloj a mano para poder calcular el tiempo. Coloca a la vista un cartel con los servicios que ofreces y el precio. Ten tarjetas para poder entregarlas.
- **Elige bien el servicio que vas a ofrecer.** En las ferias y fiestas es recomendable realizar consultas de temas concretos antes que las generales, que requieren más tiempo y concentración.
- **Enfoca bien la consulta.** Da la bienvenida e interésate por la persona que se acerca a ti. Preséntate y explica cuál es el servicio que ofreces. Recuerda que la pregunta debe ser clara, neutra y ética. Utiliza la lectura que dominas. Acaba con un consejo general. Pídele sus datos para después poder ofrecerle tus servicios.

26 SÁBADO

27 DOMINGO

PLANIFICADOR
MENSUAL

LUNES	MARTES	MIÉRCOLES	JUEVES	VIERNES	SÁBADO	DOMINGO
☐	☐	☐	☐	☐	☐	☐
☐	☐	☐	☐	☐	☐	☐
☐	☐	☐	☐	☐	☐	☐
☐	☐	☐	☐	☐	☐	☐
☐	☐	☐	☐	☐	☐	☐

RECORDATORIOS

AGOSTO

Lectura de planificación semanal

Una buena organización diaria es fundamental para poder desempeñar nuestras obligaciones. Esta lectura te permite prepararte para la semana. Te proporcionará información sobre el objetivo de la semana, los retos y oportunidades. Además, incluso podrás adelantar algún trabajo, de manera que puedas ser más productiva y resolutiva.

Puedes realizar esta lectura sólo con los 22 arcanos mayores o con los 78.

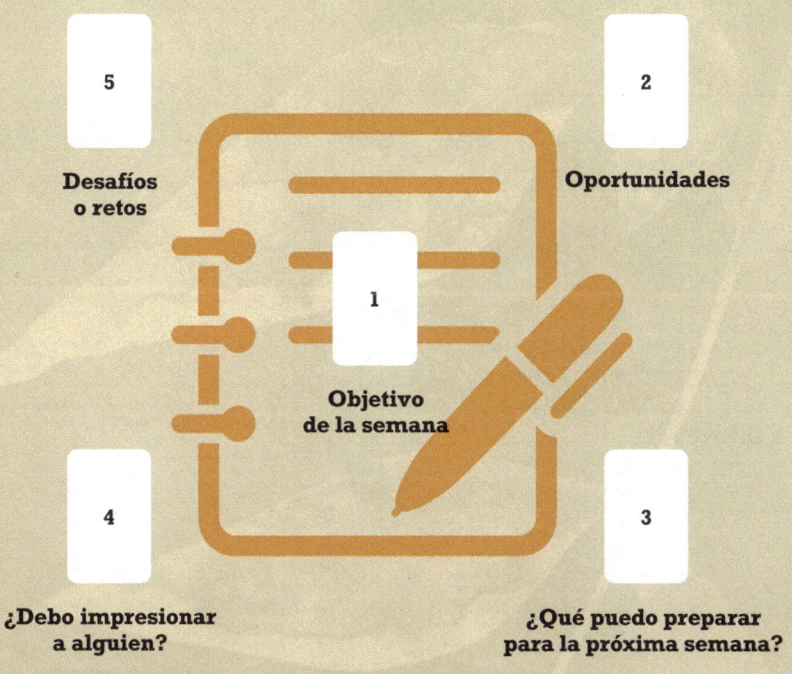

Haz tu propia lectura. Recorta las cartas que encontrarás al final de esta agenda y colócalas como se indica.

JULIO / AGOSTO

28 LUNES

9 DE OROS: me valoro y valoro todo lo que tengo.

29 MARTES

30 MIÉRCOLES

31 JUEVES

1 VIERNES

Mi carta para la semana es el 5 de bastos.
¿Qué me aconseja?

AGOSTO

HERRAMIENTAS PARA TAROTISTAS:
¿PODEMOS EQUIVOCARNOS LOS TAROTISTAS?

Es evidente que los y las tarotistas podemos equivocarnos igual que cualquier otro profesional, porque somos personas y no hay nadie infalible. Es importante que tengamos claro este punto, ya que en algunas ocasiones nos adjudican unos poderes que parecen afirmar que no podemos equivocarnos.

Una vez seamos conscientes de esto, debemos hacer todo lo posible para que esto no suceda. Y podemos conseguirlo estudiando, practicando y trabajando nuestra intuición. Generalmente nos equivocamos por tres motivos: porque la pregunta que nos han formulado no estaba clara, porque no hemos elegido la lectura correcta o porque nos hemos dejado «manipular» por el/la consultante.

Cuando nos equivocamos, ¿qué deberemos hacer? En primer lugar, es importante reconocer la equivocación, y, a continuación, hay que analizar en qué nos hemos equivocado, porque precisamente aprendemos más de este tipo de errores. Por lo general, nos equivocamos en alguna cosa, pero si la equivocación es más importante, tendremos que reflexionar sobre nuestros conocimientos de tarot.

2 SÁBADO

3 DOMINGO

AGOSTO

4 LUNES

9 DE COPAS: me siento satisfecha del cariño que he recibido.

5 MARTES

6 MIÉRCOLES

7 JUEVES

8 VIERNES

Mi carta para la semana es la Sacerdotisa.
¿Qué me aconseja?

AGOSTO

ARCANO: 8 DE BASTOS

En el arcano 8 de bastos observamos una serie de bastos que están en el aire. Representan las ideas y proyectos que tenemos en mente. Unos proyectos e ideas ordenados y que todavía se hallan en el aire. Si seguimos su trayectoria, podemos ver que pueden caer en un suelo fértil en el que hay hierba verde y el agua del río. Al fondo es posible ver una montaña con una pequeña casa, que representa el objetivo de construir algo en el futuro.

Se trata de un arcano de movimiento rápido que puede indicar un buen ritmo en aquello que estamos preguntando. Nos habla de ideas y proyectos ordenados, bien enfocados y encaminados. Son buenas perspectivas de futuro.

Debemos interpretarlo como un arcano que activará el tema por el que preguntamos. En el ámbito laboral, indica que tenemos proyectos que apuntan bien y que tendremos que seguir cuidando para que puedan asentarse con éxito. En el amor, puede hablarnos de un flechazo o de una relación con proyectos, pasión y energía. En cuanto al crecimiento personal, indica unas creencias y unos valores bien enfocados.

¿Soy capaz de asentar esas ideas y proyectos que tengo en mente?

---

9 SÁBADO

---

10 DOMINGO

AGOSTO

11 LUNES

La Luna: escucho y confío en mis emociones.

12 MARTES

13 MIÉRCOLES

14 JUEVES

15 VIERNES

Mi carta para la semana es el 10 de bastos.
¿Qué me aconseja?

AGOSTO

COMBINACIÓN: 8 DE BASTOS Y EL COLGADO

Ésta se trata de una combinación interesante. El primer arcano, el 8 de bastos, nos habla de ideas y proyectos que están en el aire, bien encaminados y con muy buenas posibilidades de ser ejecutados. Pero al tener al lado el Colgado, puede indicar que estos proyectos corren el riesgo de quedarse estancados, parados o bloqueados.

Otra mirada podría decirnos que para que esto no suceda es necesario un tiempo de reposo en el que se pueda profundizar sobre estos temas. Deberán ajustarse a la realidad. Puede que para conseguir llevarlos a cabo deba renunciarse a algo. Si en algún momento las cosas se quedan estancadas, el hecho de detenerse y darles un punto de vista diferente podría ser la solución. Podría hablarnos de ideas y creencias que han quedado estancadas.

Si la combinación sale en otro orden, es decir, primero el Colgado, indicaría que ha habido un tiempo de espera, de reflexión profunda, y que después será el momento de poner en marcha y activar el proyecto. Puede ser un momento de búsqueda de nuevas ideas y creencias espirituales.

16 SÁBADO

17 DOMINGO

AGOSTO

18 LUNES

El Juicio: soy capaz de perdonarme.

19 MARTES

20 MIÉRCOLES

21 JUEVES

22 VIERNES

Mi carta para la semana es el 10 de oros.
¿Qué me aconseja?

AGOSTO

¿Qué frase corresponde a cada carta?

Las cosas se mueven

Oportunidad para implicarnos

Iniciativa y comunicación

Valorar los pros y los contras

Celebraciones

Movimiento ágil

Intuición e imaginación

Liderazgo

23 SÁBADO

24 DOMINGO

AGOSTO

25 LUNES

Sota de copas: puedo comunicar mis emociones.

26 MARTES

27 MIÉRCOLES

28 JUEVES

29 VIERNES

Mi carta para la semana es el Rey de oros.
¿Qué me aconseja?

AGOSTO

HERRAMIENTAS PARA TAROTISTAS:
EL RITMO Y MOVIMIENTO DE LOS DISTINTOS PALOS

Uno de los temas que aparecen de manera recurrente cuando hacemos lecturas es el de poder saber el tiempo, es decir, cuándo sucederán o se activarán las cosas. Y, en este sentido, es importante poder observar el elemento dominante de la lectura.

Por la energía del palo, **las espadas** son el palo más rápido, representan el aire, y, en este elemento, todo se mueve de manera ágil. Asimismo, podemos relacionarlas con una estación del año, el otoño.

El siguiente en cuanto a rapidez sería **el palo de bastos.** Representa el fuego y también nos habla de un movimiento ágil y enérgico. La estación con la que suele relacionarse es el verano.

El palo de copas sería el siguiente, ya un poco más lento. Representa el elemento agua. Su movimiento es tranquilo, sereno y calmado. Lo relacionamos con la primavera.

El palo de oros es el más lento de todos. Representa al elemento tierra. Su movimiento es lento y nos recuerda que todo tiene sus tempos: hay un tiempo para sembrar, otro para recoger, etc. Su estación es el invierno.

---

30 SÁBADO

---

31 DOMINGO

PLANIFICADOR
MENSUAL

LUNES	MARTES	MIÉRCOLES	JUEVES	VIERNES	SÁBADO	DOMINGO
☐	☐	☐	☐	☐	☐	☐
☐	☐	☐	☐	☐	☐	☐
☐	☐	☐	☐	☐	☐	☐
☐	☐	☐	☐	☐	☐	☐
☐	☐	☐	☐	☐	☐	☐

RECORDATORIOS

SEPTIEMBRE

Lectura para potenciar mis facultades psíquicas

¿Quieres saber qué puedes hacer para potenciar tus facultades psíquicas? Esta lectura te ayudará a saber cómo se encuentran tus facultades. De este modo, podrás ver qué es lo que las potencia y qué las está frenando. Te proporcionará unos consejos para mejorarlas. Y podrás ver lo lejos que puedes llegar con ellas.

Puedes realizar esta lectura sólo con los 22 arcanos mayores o con los 78.

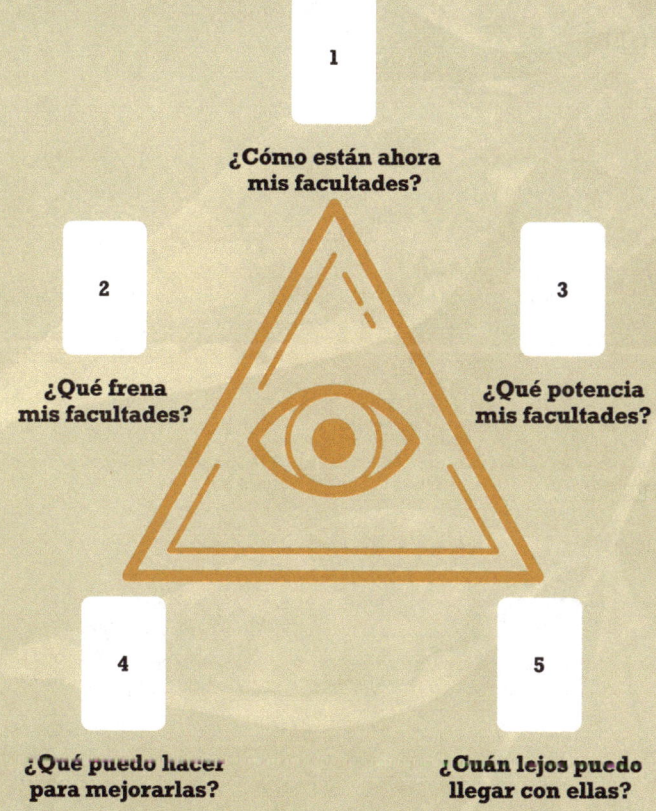

1. ¿Cómo están ahora mis facultades?
2. ¿Qué frena mis facultades?
3. ¿Qué potencia mis facultades?
4. ¿Qué puedo hacer para mejorarlas?
5. ¿Cuán lejos puedo llegar con ellas?

Haz tu propia lectura. Recorta las cartas que encontrarás al final de esta agenda y colócalas como se indica.

SEPTIEMBRE

1 LUNES

5 DE ESPADAS: soy capaz de superar las traiciones.

2 MARTES

3 MIÉRCOLES

4 JUEVES

5 VIERNES

> **Mi carta para la semana es la Rueda de la Fortuna.** ¿Qué me aconseja?

SEPTIEMBRE

ARCANO: 9 DE BASTOS

En el 9 de bastos, observamos a un personaje cansado que ha tenido que superar múltiples dificultades. En su cabeza lleva una venda: todo este esfuerzo le ha perjudicado mentalmente. Hace que tenga una actitud recelosa de cara al futuro por todo lo que ha sucedido. Al ser una carta 9, nos indica que debería aprender de lo sucedido, así como a poner barreras al pasado, ya que es lo único que le va a permitir avanzar.

A nivel general, es un arcano de cansancio y recelo por todo lo sucedido. Aun así, está dispuesto a seguir luchando. Debería poder superar el pasado y poner límites, porque, de lo contrario, tendrá una actitud de recelo con el futuro.

En la interpretación es un arcano en el que el pasado nos persigue. En el trabajo, puede hablar de cansancio y dificultades del pasado que no están superadas y que nos están afectando en el presente. En el amor hay algo del pasado que nos persigue y hace que la relación no funcione como debería. Hay creencias limitantes y valores que no nos resultan válidos y que necesitan ser cambiados.

¿Qué situaciones y creencias del pasado te pesan y te impiden avanzar adecuadamente?

6 SÁBADO

7 DOMINGO

SEPTIEMBRE

8 LUNES

6 DE BASTOS: me siento exitosa y muestro mis logros.

9 MARTES

10 MIÉRCOLES

11 JUEVES

12 VIERNES

Mi carta para la semana es la Templanza.
¿Qué me aconseja?

SEPTIEMBRE

COMBINACIÓN: 9 DE BASTOS Y TEMPLANZA

En esta combinación debemos observar el tamaño de los personajes: el primero es más pequeño, lo que nos indica la importancia de su influencia. El 9 de bastos nos habla de una situación que nos provoca cansancio debido a las batallas del pasado que no hemos sabido cerrar. El personaje no es capaz de ver al ángel que tiene junto a él.

El ángel de la Templanza le está mostrando que es posible tomarse las cosas de otro modo, con más calma y tranquilidad. Le dice que hablar de los temas que le preocupan le podría ir bien. Le aconseja moderación y dejar fluir las cosas. La Templanza está ahí para ayudarle y él acepta.

Si el orden de las cartas fuese al revés, el 9 de bastos detrás de la Templanza, nos indicaría conversaciones o negociaciones que no han quedado claras, o en las que hay temas del pasado que todavía están influyendo. Nos indicaría incapacidad de encontrar la paz, ni de perdonar, ni de sanar. Podría hablarnos de una persona que no confía en sí misma y que no ve o no puede ver ninguna salida a la situación.

13 SÁBADO

14 DOMINGO

SEPTIEMBRE

15 LUNES

La Estrella: cuando estoy conectada conmigo, soy capaz de ver las señales.

16 MARTES

17 MIÉRCOLES

18 JUEVES

19 VIERNES

Mi carta para la semana es el Caballo de oros.
¿Qué me aconseja?

CABALLO DE OROS

SEPTIEMBRE

Sopa de letras

Busca 6 conceptos claves de los bastos.

E	B	A	D	O	S	A	F	V	E
N	A	E	R	C	A	N	U	O	T
T	A	N	A	O	R	P	I	L	A
U	F	E	D	N	O	G	A	U	I
S	O	R	A	F	U	I	G	N	A
I	A	G	A	I	A	M	E	T	O
A	V	I	T	A	L	I	D	A	D
S	U	A	O	N	U	R	A	D	A
M	O	A	I	Z	O	G	E	U	F
O	A	M	S	A	D	U	N	P	A

20 SÁBADO

21 DOMINGO

EQUINOCCIO DE OTOÑO

EL 22 DE SEPTIEMBRE EMPIEZA EL EQUINOCCIO DE OTOÑO EN EL HEMISFERIO NORTE[1]

En el equinoccio de otoño las horas de luz y de oscuridad son las mismas, 12 horas de día y 12 horas de noche. Después de este momento las horas de luz irán menguando hasta llegar al solsticio de invierno. El Ermitaño es el que representa esta estación que hoy iniciamos, es un buen momento para empezar a observar e iluminar nuestro interior, para ver qué queremos iluminar y qué queremos soltar.

A partir de este instante la naturaleza va cambiando: las hojas de los árboles se irán secando hasta caer, sus colores brillantes y luminosos irán tomando unas tonalidades marrones y ocres, es momento de ir cambiando nuestra energía. Te recomiendo un paseo por la naturaleza para disfrutar de esta nueva estación.

Es un buen momento para pensar en aquello que queremos ir soltando de nuestra vida, aquellas cosas que quizás durante un tiempo nos sirvieron, pero ahora ya no, aquello que te inquieta, lo que no te permite crecer, los pensamientos negativos, las creencias limitantes.

¡Feliz otoño!

---

1. Si eres del hemisferio sur, dirígete al equinoccio de primavera.

Busca un lugar en la naturaleza en el que te sientas a gusto y prepárate para poder meditar. Éste es un arcano que nos invita a prepararnos para esta nueva estación que ahora empieza.

Piensa en aquellas cosas que ya no te sirven y que sería bueno ir soltando, igual que los árboles dejan caer sus hojas. Es un buen momento para mirar en nuestro interior y ver qué es lo que ya no nos sirve.

Busca tres hojas secas de la naturaleza. Si no dispones de ellas, busca tres papeles y anota en cada uno de ellos (hoja seca o papel) una cosa o un símbolo que represente lo que deseas soltar. Visualiza cada una de ellas y quémalas.

SEPTIEMBRE

22 LUNES

3 DE OROS: cuando trabajo en equipo puedo llegar más lejos.

23 MARTES

24 MIÉRCOLES

25 JUEVES

26 VIERNES

Mi carta para la semana es el 7 de oros.
¿Qué me aconseja?

SEPTIEMBRE

HERRAMIENTAS PARA TAROTISTAS:
¿QUÉ SUCEDE SI PIERDO UN ARCANO O SE ME CAE UNA CARTA?

Todo lo que acontece durante la consulta es importante. Ambas cosas son diferentes, pero tienen relación: es la atención que prestamos cuando empleamos nuestro mazo.

Cuando estás desempeñando tu trabajo y se te cae una carta, es importante que centres tu atención en los siguientes puntos: a) es posible que no tengas práctica a la hora de barajar, porque tienes poca experiencia; b) tal vez el mazo sea nuevo y resbale; c) es posible que no te estés concentrado en la pregunta. Si el hecho de que se haya caído la carta no se debe a ninguno de estos motivos, es posible que nos esté proporcionando alguna información relacionada con la sesión y el/la consultante.

Cuando perdemos un arcano de nuestro mazo, es evidente que necesitaremos conseguir el arcano que nos falta o tendremos que comprar otro mazo, porque no podemos utilizar un mazo al que le falta una carta. Podemos observar cuál es el arcano que falta, porque nos puede proporcionar información acerca de nosotros.

27 SÁBADO

28 DOMINGO

PLANIFICADOR
MENSUAL

LUNES	MARTES	MIÉRCOLES	JUEVES	VIERNES	SÁBADO	DOMINGO
☐	☐	☐	☐	☐	☐	☐
☐	☐	☐	☐	☐	☐	☐
☐	☐	☐	☐	☐	☐	☐
☐	☐	☐	☐	☐	☐	☐
☐	☐	☐	☐	☐	☐	☐

RECORDATORIOS

OCTUBRE

Lectura para la negociación o pacto

Las negociaciones o pactos son temas complejos porque no dependen sólo de una persona. Esta lectura nos proporcionará una buena información para cuando tengamos que negociar cualquier tema. Nos permite ver y analizar a ambas partes. Podremos saber los puntos fuertes y lo que están dispuestos a negociar cada una de ellas!

Puedes realizar esta lectura sólo con los 22 arcanos mayores o con los 78.

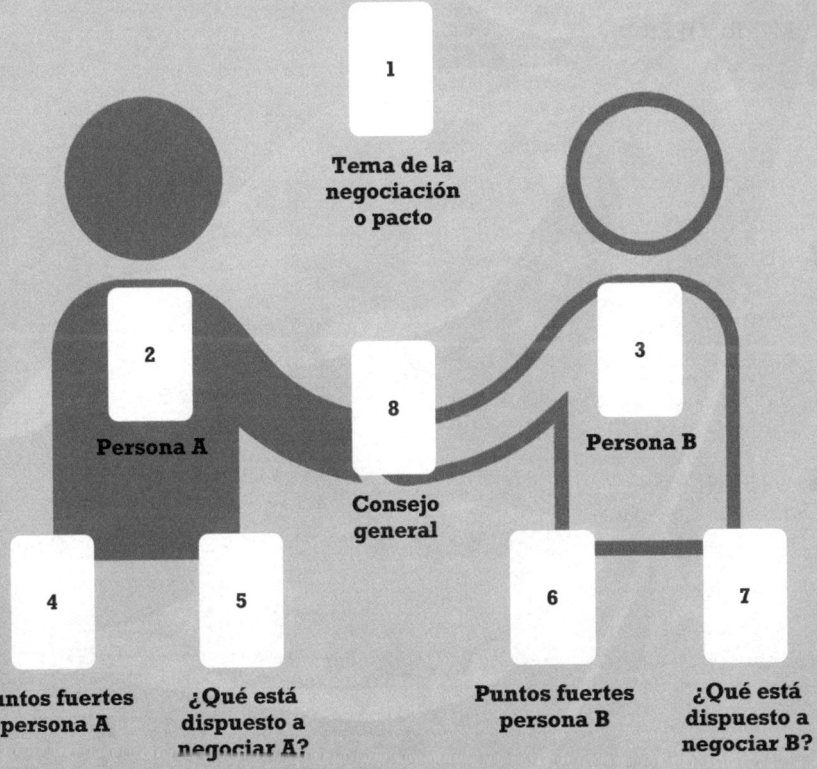

Haz tu propia lectura. Recorta las cartas que encontrarás al final de esta agenda y colócalas como se indica.

SEPTIEMBRE / OCTUBRE

29 LUNES

Reina de oros: me valoro y agradezco lo que tengo.

30 MARTES

1 MIÉRCOLES

2 JUEVES

3 VIERNES

Mi carta para la semana es el As de bastos.
¿Qué me aconseja?

OCTUBRE

HERRAMIENTAS PARA TAROTISTAS:
EL TAROT EN LAS REDES SOCIALES

Hoy en día hay un gran *boom* del tarot, que, en parte, se debe a su presencia en las redes sociales. Podemos encontrar tarotistas de todas las edades y de distintos enfoques. Lo bueno es que se ha popularizado y nos ha permitido ampliar la influencia del tarot.

Las redes sociales también hacen que podamos ofrecer nuestros servicios, cursos, consultas, terapias, etc. Pero, como todo, esto tiene su parte positiva y también su parte negativa, ya que hay personas que trabajan en este ámbito pero que no tienen conocimientos, motivo por el cual debemos estar atentos a quién seguimos y lo que nos creemos.

Consejos para los que quieren compartir sus conocimientos de tarot en las redes: es importante que compartáis contenidos breves y de interés de una manera constante. Podéis hacerlo sólo con imágenes o a través de directos. Si queréis hacer vídeos o directos, yo os recomendaría disponer de un guion para que el contenido esté ordenado y estructurado. Empieza sólo por una red, aquella que más te guste y en la que te sientas más cómodo, y después ya podrás ir ampliando.

4 SÁBADO

5 DOMINGO

OCTUBRE

6 LUNES

---

2 DE BASTOS: si tengo en cuenta mis bases podré llegar muy lejos.

7 MARTES

---

8 MIÉRCOLES

---

9 JUEVES

---

10 VIERNES

Mi carta para la semana es el 2 de espadas.
¿Qué me aconseja?

OCTUBRE

ARCANO: 10 DE BASTOS

En el 10 de bastos observamos a un personaje agotado que intenta hacer el último esfuerzo para llegar a su objetivo. Vemos claramente que va sobrecargado, lo que le está impidiendo poder ver su objetivo, que es llegar al pueblecito. Intenta abarcar más de lo que debería.

Se trata de un arcano que nos produce cansancio y agotamiento: está recogiendo la energía de todo el palo. Por un lado, nos puede estar diciendo que estamos llegando al final y que hagamos el último esfuerzo. Por el otro sin embargo, debemos aprender a no sobrecargarnos y a delegar en los demás. Si seguimos cargando en exceso, corremos el riesgo de caer y perderlo todo.

En cuanto a la interpretación, en el mundo laboral, nos indica exceso de responsabilidades y de cargas: es necesario repartir y delegar. En el amor, nos indica relaciones que nos resultan pesadas, el sentimiento de que es uno el que lleva la responsabilidad de la pareja y las cargas familiares. En cuanto al crecimiento personal, nuestros valores nos pesan, ya no se ajustan a nuestras necesidades.

¿Sueles asumir más responsabilidades y obligaciones de las necesarias? ¿Sabes delegar?

---

11 SÁBADO

---

12 DOMINGO

OCTUBRE

13 LUNES

10 DE OROS: estoy conectada con la abundancia.

14 MARTES

15 MIÉRCOLES

16 JUEVES

17 VIERNES

Mi carta para la semana es la Reina de espadas.
¿Qué me aconseja?

REINA DE ESPADAS

OCTUBRE

COMBINACIÓN: 10 DE BASTOS Y LA ESTRELLA

El 10 de bastos va tan cargado que no es capaz de ver lo que le muestra la carta de la Estrella. El primer personaje ha ido cargando cada vez más cosas. Nos habla de situaciones que nos pesan y que no sabemos o no vemos cómo soltar. Ese esfuerzo está impidiendo ver qué hay más allá, y eso le produce agotamiento y corre el riesgo de tropezar.

La Estrella le está mostrando que, en la vida, el trabajo y los proyectos no lo son todo. Le está enseñando que es bueno tomarse descansos de vez en cuando. Que debe aprender a fluir y a confiar en que todas las cosas tienen su momento. Le recuerda que es importante confiar, tener fe en uno mismo y estar atento a las señales.

Si la combinación empieza por la Estrella, nos estaría diciendo que hemos empezado una ilusión o un proyecto que, en estos momentos, se está complicando y se está haciendo pesado. Le recordaríamos que es importante que aprenda a delegar y que no se lo cargue todo en sus hombros. En este caso, podemos observar que ambos personajes ya no se miran, no se tienen en cuenta, serían energía que se restan.

18 SÁBADO

19 DOMINGO

OCTUBRE

20 LUNES

8 DE BASTOS: mis proyectos están bien encaminados, confío en ellos.

21 MARTES

22 MIÉRCOLES

23 JUEVES

24 VIERNES

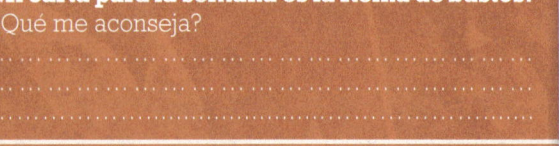

Mi carta para la semana es la Reina de bastos.
¿Qué me aconseja?

OCTUBRE

¿Cómo interpretarías esta lectura si preguntan por…

| Consultante | A favor | En contra |

Amor _ _ _ _ _ _ _ _

Trabajo _ _ _ _ _ _ _ _

Dinero _ _ _ _ _ _ _ _

25 SÁBADO

26 DOMINGO

PLANIFICADOR
MENSUAL

LUNES	MARTES	MIÉRCOLES	JUEVES	VIERNES	SÁBADO	DOMINGO
☐	☐	☐	☐	☐	☐	☐
☐	☐	☐	☐	☐	☐	☐
☐	☐	☐	☐	☐	☐	☐
☐	☐	☐	☐	☐	☐	☐
☐	☐	☐	☐	☐	☐	☐

RECORDATORIOS

NOVIEMBRE

Lectura para iniciar un negocio

Si te estás planteando algún emprendimiento o iniciar algún negocio, ésta es tu lectura. En primer lugar, es bueno que te concentres y pienses en tu proyecto. Después, baraja las cartas y colócalas según el orden numérico. Con esta lectura, verás si estás preparada para el negocio, si debes empezarlo a tiempo parcial o completo, si ya existe un mercado para tus servicios o productos, los requisitos y la planificación a un año vista.

Puedes realizar esta lectura sólo con los 22 arcanos mayores o con los 78.

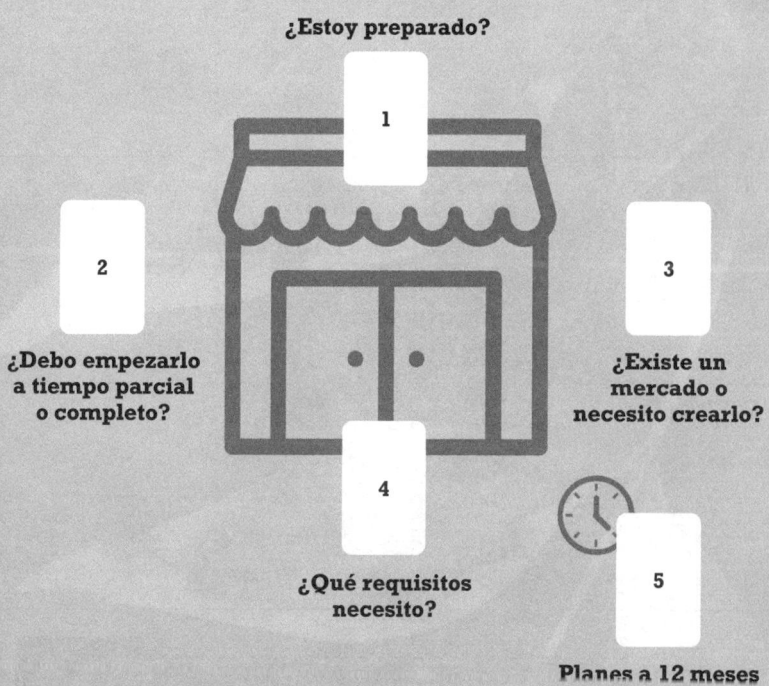

Haz tu propia lectura. Recorta las cartas que encontrarás al final de esta agenda y colócalas como se indica.

OCTUBRE

27 LUNES

Los Enamorados: pongo el corazón en todo lo que hago.

28 MARTES

29 MIÉRCOLES

30 JUEVES

31 VIERNES

Mi carta para la semana es el 4 de copas.
¿Qué me aconseja?
....
....
....

NOVIEMBRE

HERRAMIENTAS PARA TAROTISTAS:
TAROT Y CREATIVIDAD

La creatividad es un factor relevante y que puede ayudar a los tarotistas a lo largo de todo el proceso de formación y desarrollo.

Aprendizaje: cuando estudiamos tarot, nos puede ayudar a integrar mejor los arcanos, sobre todo aquellos que más nos cuestan. Nos permitirá disfrutar y aprender mejor, así como conectar de una manera más fácil y potenciar nuestra intuición.

Consulta: nos ayudará a encontrar salidas a temas que puedan plantearse en la sesión. Nos facilitará la gestión e improvisación con consultantes más «raros». Permitirá crear tus propias lecturas para que se adapten mejor a tus necesidades y a tu propio estilo.

Docente: para crear tus propios contenidos, tus propias lecturas y método de enseñanza y preparar materiales propios, diferentes y originales.

Posicionamiento y promoción: hoy en día existe mucha competencia, y si nos fijamos bien, casi todos hacen lo mismo. Si haces lo mismo que los demás, ellos llevan más tiempo y tienen más experiencia, por lo que hacerte ver o hacerte un lugar va a resultar más difícil.

---

1 SÁBADO

---

2 DOMINGO

NOVIEMBRE

3 LUNES

Rey de oros: valoro mi tiempo y mi dedicación.

4 MARTES

5 MIÉRCOLES

6 JUEVES

7 VIERNES

Mi carta para la semana es el Caballo de copas.
¿Qué me aconseja?

NOVIEMBRE

ARCANO: **SOTA Y CABALLO DE BASTOS**

Estas dos figuras de la corte representan a los jóvenes de bastos y a personajes que van y vienen con esta energía: voluntariosos, enérgicos, apasionados y aventureros.

La Sota de bastos, este joven inteligente que mira hacia el futuro con ganas, además de representar a los jóvenes, nos habla de noticias laborales y de proyectos. De una manera de comunicar franca, directa y apasionada. De inicios de cosas y proyectos que nos apasionan.

El Caballo de bastos, este caballo que va al trote y que se mueve con vigor, nos habla de personas que van y que vienen, siempre teniendo en cuenta la mirada del caballo. También nos habla del movimiento y evolución de las situaciones: es un caballo enérgico y apasionado, que nos indica un movimiento ágil.

En la interpretación, en el ámbito laboral, está relacionado con noticias de nuevos proyectos y de una buena evolución laboral. En el amor, de noticias e inicios apasionados y de personas que pueden llegar con buenas proposiciones. En cuanto al crecimiento personal, nos indica nuevas creencias que nos permiten crecer.

¿Qué te gustaría iniciar? ¿Te mueves con entusiasmo?

---

8 SÁBADO

---

9 DOMINGO

NOVIEMBRE

10 LUNES

Templanza: cuando lo necesito, puedo conectar con mi ángel.

11 MARTES

12 MIÉRCOLES

13 JUEVES

14 VIERNES

Mi carta para la semana es el Mago.
¿Qué me aconseja?
....
....
....

NOVIEMBRE

COMBINACIÓN: SOTA DE BASTOS Y AS DE ESPADAS

Aquí tenemos una combinación en la que ambas cartas nos hablan de inicios. La Sota de bastos representa los inicios de algún proyecto, que tomaremos con la energía y la pasión de los jóvenes. La sota tiene el coraje y las ganas para conquistar el mundo. Sabrá comunicar y expresar de manera franca este proyecto que tanto le apasiona. El As de espadas que tiene delante le refuerza y le ayuda en estos inicios.

El As de espadas viene empujado por la pasión y la energía de la sota. Este As le abre el camino. Le muestra la oportunidad que le está ofreciendo el destino para llevar a cabo esta idea y proyecto, que pueden ser coronados con éxito (corona). El As también procede del pasado. Puede que esta idea que ahora empieza ya venga de atrás, y ahora siente que es el momento para llevarla hacia el futuro. Ambas cartas son de palos activos, lo que añade energía y determinación a esta situación. Este joven tiene la valentía suficiente para tomar esta oportunidad.

En el caso en que en esta combinación saliese primero el As, nos estaría indicando que hay una oportunidad que necesita de alguien joven o que requiere empezar desde abajo para poderla llevar a cabo. También podría indicar que hay un joven que no ve la oportunidad.

15 SÁBADO

16 DOMINGO

NOVIEMBRE

17 LUNES

Rey de bastos: soy capaz de emprender y defender mi proyecto.

18 MARTES

19 MIÉRCOLES

20 JUEVES

21 VIERNES

Mi carta para la semana es el 4 de espadas.
¿Qué me aconseja?
....
....

NOVIEMBRE

DÍA INTERNACIONAL DEL TAROMANTE

El día 22 de noviembre es el Día Internacional del Taromante. ¡Es nuestro día! Es el día en el que celebramos la pasión por el tarot, cuando los tarotistas, tarólogos, taromantes, consultantes, filotarotistas, estudiantes, etc., nos reunimos para celebrar nuestro día. Desde hace ya varios años, desde la Red Internacional de Congresos de Tarot, que hoy incluye a España, Argentina, México, Ecuador, Uruguay, Brasil, Chile, Colombia, Miami (USA), Portugal e Italia, impulsamos distintas actividades en las redes para visibilizar el tarot, compartir y sentirnos unidos. Preparamos vídeos, frases, actividades e imágenes en los que animamos a todos a participar. Esto hace que sintamos que formamos parte de algo. Y con estas actividades somos conscientes de que el tarot no tiene fronteras, sino todo lo contrario, las elimina.

Durante este día también recordamos a todas aquellas personas que a lo largo de los siglos han trabajado por el tarot y han dejado su legado: a los estudiosos, a los que nos han abierto camino, a las personas con nombre y también a las anónimas.

Búscanos en facebook: «Día Internacional del Taromante» o consulta toda la información en la web www.redinternacionalcongresosdetarot.com

22 SÁBADO

23 DOMINGO

NOVIEMBRE

24 LUNES

El Diablo: conecto y concedo espacio a mis pasiones.

25 MARTES

26 MIÉRCOLES

27 JUEVES

28 VIERNES

Mi carta para la semana es el Sol.
¿Qué me aconseja?

NOVIEMBRE

HERRAMIENTAS PARA TAROTISTAS: ¿QUÉ ME APORTA EL TAROT?

Está claro que aprender tarot nos aporta conocimiento de esta materia, así como para poder leer los arcanos. Y si lo deseamos, puede llegar a ser una profesión. Pero como ya he comentado, el tarot puede ser mucho más, y esto es lo que voy a intentar transmitir.

Conocimiento intelectual. Estudiar tarot nos permite aprender un lenguaje nuevo con el que podremos expresarnos tanto internamente como con los demás. Aprenderemos simbología universal, lo que nos ayudará a estimular nuestra mente y a facilitar su agilidad. Aprenderemos a hacer un relato, y eso facilitará y mejorará tu expresión y manera de comunicarte.

Intuición. El tarot, al ser un lenguaje visual en el que relacionamos imágenes y símbolos, potencia nuestra intuición.

Autoconocimiento. El tarot es una magnífica herramienta de autoconocimiento. Tan sólo estudiando los arcanos y observando qué cartas nos gustan y nos resultan fáciles, y cuáles son difíciles y nos cuestan, podemos aprender mucho de nosotros.

---

29 SÁBADO

---

30 DOMINGO

PLANIFICADOR
MENSUAL

LUNES	MARTES	MIÉRCOLES	JUEVES	VIERNES	SÁBADO	DOMINGO
☐	☐	☐	☐	☐	☐	☐
☐	☐	☐	☐	☐	☐	☐
☐	☐	☐	☐	☐	☐	☐
☐	☐	☐	☐	☐	☐	☐
☐	☐	☐	☐	☐	☐	☐

RECORDATORIOS

DICIEMBRE

Lectura para cerrar el año

Ya estamos llegando al final de este año. Ésta es una lectura que te permitirá cerrar bien el año. Esta lectura te ayudará a ver qué es lo que todavía te queda por cerrar. Con ella, podrás ver todo lo que has aprendido, lo que te ha ayudado a crecer y qué deberías agradecer. Cerrar bien el año nos permitirá tener un próximo año mucho mejor.

Puedes realizar esta lectura sólo con los 22 arcanos mayores o con los 78.

| 1 | 2 | 3 | 4 | 5 | 6 | 7 | 8 |

Consultante   **¿Qué me queda por cerrar?**   **¿Qué he aprendido este año?**   **¿Qué debería agradecer?**

Haz tu propia lectura. Recorta las cartas que encontrarás al final de esta agenda y colócalas como se indica.

DICIEMBRE

1 LUNES

3 DE COPAS: soy feliz y lo celebro con mis amigos.

2 MARTES

3 MIÉRCOLES

4 JUEVES

5 VIERNES

Mi carta para la semana es el 6 de bastos.
¿Qué me aconseja?

DICIEMBRE

ARCANO: **REINA Y REY DE BASTOS**

Estos dos reyes son los máximos representantes del palo de bastos. Representan a personas enérgicas, empoderadas, seguras, con confianza, optimistas, vitales, activas, luchadoras y con creencias y valores.

La Reina de bastos va ataviada con su vestido amarillo, e indica su inteligencia. Bien sentada en su trono, está segura de lo que ha conquistado y gobierna desde ese lugar. Representa la energía del signo de Leo, observa a esos leones en los brazos del trono. Es una reina activa, independiente, que sabe lo que quiere, enfocada en su vida social y en sus proyectos. Gran defensora de sus valores y de las otras mujeres. El gato que tiene delante hace referencia a su carácter independiente y a su intuición.

El Rey de bastos es un rey con un carácter apasionado y optimista. Sabe lo que quiere e irá a la conquista de sus objetivos. Es ambicioso y le gustan los retos. Cuando no tiene una meta tiene otra. Es un gran líder, sabe dirigir y motivar a los demás. Defiende con valor y energía sus valores y creencias.

¿Qué cualidades tienes tu del/a rey/reina?

6 SÁBADO

7 DOMINGO

DICIEMBRE

8 LUNES

As de oros: aprovecho las oportunidades que me enriquecen.

9 MARTES

10 MIÉRCOLES

11 JUEVES

12 VIERNES

Mi carta para la semana es el 9 de copas.
¿Qué me aconseja?

DICIEMBRE

COMBINACIÓN: REINA DE BASTOS Y 3 DE OROS

En esta combinación posemos observar que empezamos con un arcano en el que hay un personaje, y en el siguiente, tres, lo que nos indica que empieza solo o de manera individual y que más tarde tiende a socializar y compartir. La Reina de bastos representa a una mujer enérgica, independiente, apasionada, vital, enfocada en sus proyectos y defensora de sus valores y creencias. Al estar junto al 3 de oros, podría hablarnos de la jefa o directora de una empresa. Ella mira hacia el 3, lo que quiere decir que está pendiente de la gente que tiene a su cargo. Observamos que ella está más arriba que los otros personajes, que son de menor tamaño, lo que nos indica que es consciente de su rango y que manda.

Además de ser la jefa de una empresa, también nos puede indicar sus proyectos personales. Proyectos compartidos a medio y largo plazo. Podría hablarnos de un proyecto familiar, personal o empresarial.

Si la reina sale después del 3 de oros, nos estaría indicando que este proyecto puede ser del pasado o que, en estos momentos, no tiene ganas de emprender nada nuevo.

13 SÁBADO

14 DOMINGO

DICIEMBRE

15 LUNES

8 DE OROS: me esfuerzo para poder ser mejor.

16 MARTES

17 MIÉRCOLES

18 JUEVES

19 VIERNES

Mi carta para la semana es el 2 de copas.
¿Qué me aconseja?

DICIEMBRE

Redacta 3 frases / interpretaciones, usando los distintos conceptos clave de cada carta.

Desconfianza
Resistencia
Obstáculos

Influencias
Poder
Base sólida

Inteligencia
Diplomacia
Fuerza interior

1) _____
2) _____
3) _____

---

20 SÁBADO

---

21 DOMINGO

DICIEMBRE

22 LUNES

Fuerza: utilizo la inteligencia y la diplomacia para conseguir mis propósitos.

23 MARTES

24 MIÉRCOLES

25 JUEVES

26 VIERNES

Mi carta para la semana es el 8 de bastos.
¿Qué me aconseja?

DICIEMBRE

HERRAMIENTAS PARA TAROTISTAS:
CÓMO INTERPRETAR ARCANOS DIFÍCILES

Tener dificultad para conectar con algún arcano, implica tener dificultad para interpretar, pues cuando éste aparece en alguna lectura, tendremos difícil hallar las palabras precisas, nos bloquearemos, etc. A continuación, proporciono algunos consejos para que tengas en cuenta los siguientes aspectos:

Observa la posición: no es lo mismo que la dificultad esté en el pasado, en el presente o en el futuro. Si está en el pasado, nos habla de algo del pasado que todavía no está cerrado. Si está en el presente, intentaremos ver cómo gestionarlo. En cambio, si está en el futuro, es preferible ver qué se puede hacer para evitarlo.

Observa las cartas que rodean al arcano: a) Entenderemos las causas y las influencias; b) pondremos énfasis en las posibles ayudas y soluciones.

Recomendaciones generales: redacta de 7 a 10 palabras en positivo y negativo de cada uno de estos arcanos. Practica combinaciones de 2 y 3 naipes donde salgan estas cartas. Imagina una situación y piensa cómo actuaría cada uno de estos arcanos en positivo y negativo, qué diría, que sentiría, etc.

---

27 SÁBADO

---

28 DOMINGO

SOLSTICIO DE INVIERNO

EL 21 DE DICIEMBRE EMPIEZA EL SOLSTICIO DE INVIERNO EN EL HEMISFERIO NORTE[1]

El solsticio de invierno es el momento en el que la noche es más larga, es el momento en el que hay menos horas de luz. Es momento de recogimiento y de reflexión, es ahora cuando podremos enfrentarnos a nuestra sombra y podemos hacer grandes cambios. La carta que representa la nueva estación, el invierno, es la Muerte.

El arcano XIII representa el invierno, porque es el momento en el que la naturaleza está más quieta, está como dormida. Esta estación del año nos invita a meditar, a reflexionar sobre el sentido de la vida y de la muerte. Nos ayuda a ser conscientes de nuestras necesidades y de quiénes somos. Es en estos momentos donde podremos gestar los nuevos cambios y transformaciones que queremos hacer.

A partir de este día, las horas de luz irán aumentando e irán iluminando este nuevo camino, estos nuevos propósitos, estos nuevos retos para poder seguir creciendo y avanzando como seres humanos con conciencia.

¡Feliz invierno!

---

1. Si eres del hemisferio sur, dirígete al solsticio de verano.

Busca un lugar en la naturaleza en el que te sientas cómodo y prepárate para poder meditar. Siente el frío y la luz tenue de este momento.

Observa a este arcano que está mirando hacia el futuro. Piensa qué cambios deberías hacer para afrontar esta nueva estación y encarar el nuevo año que se presenta.

El arcano XIII representa el momento de segar y podar para que nosotros y nuestros proyectos crezcan fuertes y fértiles. Las cabezas que hay en el suelo son los pensamientos que debemos cortar. Las manos, los hábitos que debemos cambiar, y los pies, el rumbo nuevo que debemos tomar. A partir de esto, reflexiona y anota lo que deberías cambiar para que tú y tus proyectos crezcan con fuerza.

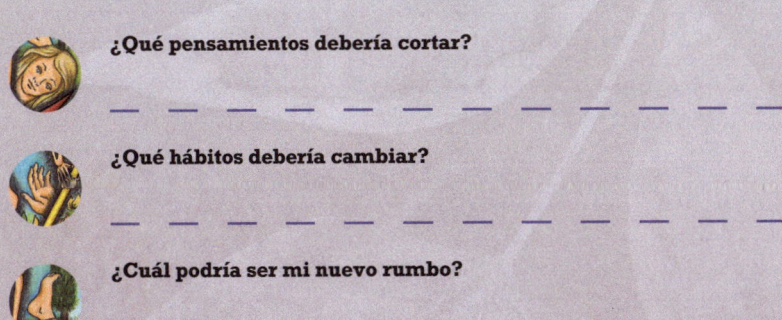

DICIEMBRE / ENERO

29 LUNES

El Juicio: escucho la llamada de mi vocación.

30 MARTES

31 MIÉRCOLES

1 JUEVES

2 VIERNES

Mi carta para la semana es el Sumo Sacerdote.
¿Qué me aconseja?

ENERO

CÓMO DESPEDIR EL AÑO

Ya llegamos a la última semana del año, un buen momento para reflexionar un poco sobre lo que ha supuesto este año para cada uno de nosotros. El Ermitaño es un arcano que nos puede ayudar. Con su lámpara ilumina el camino que hemos recorrido desde el pasado 1 de enero. Nos muestra cada uno de los pasos que hemos dado, nos recuerda a la gente con la que hemos caminado y compartido, nos conecta con las vivencias y con nuestros aciertos y nuestras equivocaciones.

El Ermitaño, una vez nos ha mostrado lo andado, nos permite poder comprender, aprender y cerrar aquellos temas que sintamos que han quedado abiertos. Podemos también reflexionar sobre todo lo que hemos aprendido. Cuando revisamos este camino, siempre somos conscientes de que hemos crecido, de que las experiencias nos han hecho más sabios.

Ahora que reflexionamos sobre lo que ha sido este 2025, es un buen momento para dar gracias por todo lo que hemos vivido, experimentado y aprendido. Esto nos permitirá estar preparados para un nuevo año.

3 SÁBADO

4 DOMINGO

CORRESPONDENCIAS

A continuación aparecen unos cuadros con las correspondencias de los 22 arcanos y la astrología, animal, planta, mito, mineral y aroma. De cada arcano hay múltiples posibilidades, aunque yo he elegido aquella que he creído que podía resaltar. Cuando tengamos que trabajar o profundizar con algún arcano, puede resultar de ayuda trabajar también con sus correspondencias.

ARCANO	ASTROLOGÍA
MAGO	**Mercurio.** Por su capacidad de comunicación. Mente.
SACERDOTISA	**Luna.** Intuición, principio femenino, el alma.
EMPERATRIZ	**Venus.** Capacidad de disfrutar de la belleza. Sociabilidad. Emoción.
EMPERADOR	**Aries.** Empuje, ambición y capacidad de lucha. Acción.
SACERDOTE	**Tauro.** Estabilidad y seguridad.
ENAMORADOS	**Géminis.** Dualidad.
CARRO	**Cáncer.** Importancia de la familia. / **Sagitario.** Ganas de aventura.
JUSTICIA	**Libra.** Búsqueda del equilibrio. Leyes universales.
ERMITAÑO	**Capricornio.** Paciencia, perseverancia y longevidad.
RUEDA	**Júpiter.** Abundancia y suerte.
FUERZA	**Leo.** León, fuerza interior. / **Virgo.** Mujer, humildad.
COLGADO	**Piscis.** Espiritualidad y capacidad de renuncia y sacrificio.
MUERTE	**Plutón.** Transformaciones.
TEMPLANZA	**Júpiter.** Protección, valores y pasión por viajar.
DIABLO	**Escorpio.** Magnetismo y capacidad de seducción. Instinto.
TORRE	**Urano.** Imprevistos, rupturas. / **Marte.** Acción.
ESTRELLA	**Acuario.** Fraternidad, grupos, ilusiones.
LUNA	**Piscis.** Sensibilidad, agua, intuición. / **Luna.** Noche, feminidad.
SOL	**Sol.** Seguridad, brillo, confianza.
JUICIO	**Plutón.** Resurgir, resucitar. / **Saturno.** Conciencia de lo aprendido.
MUNDO	4 elementos
LOCO	**Urano.** Avanzado, libre, original y lanzado.

ARCANO	ANIMAL
MAGO	**Mono.** Inteligencia, participación y animación.
SACERDOTISA	**Gato.** Independencia. Capacidad de ver y sentir lo que otros no ven.
EMPERATRIZ	**Cisne.** Simboliza la belleza y la elegancia en el ser y en las formas.
EMPERADOR	**Carnero.** Guía y conduce al rebaño. Tiene gran fuerza y resistencia.
SACERDOTE	**Toro.** Fuerza, firmeza, resistencia.
ENAMORADOS	**Tórtolas.** Símbolo de felicidad y de afecto entre los seres humanos.
CARRO	**Caballo.** Nobleza, movimiento, fuerza, avance y energía.
JUSTICIA	**Pavo real.** Belleza, sus alas representan el firmamento estrellado.
ERMITAÑO	**Elefante.** Sabiduría, conocimiento, resistencia.
RUEDA	**Ciervo.** Símbolo de renovación y crecimiento por su cornamenta.
FUERZA	**León.** Potencia la fuerza, la energía personal y conecta con las pasiones.
COLGADO	**Cordero.** Pureza, inocencia, mansedumbre.
MUERTE	**Escarabajo.** Símbolo de transmutación, de renacimiento.
TEMPLANZA	**Gacela.** Sensibilidad del alma, ayuda a huir de las pasiones bajas.
DIABLO	**Serpiente.** Energía pura, sabiduría y seducción. Ansiedad de conocimiento.
TORRE	**Lobo.** Valentía, ferocidad. Conecta con nuestra parte salvaje.
ESTRELLA	**Halcón.** Mente elevada, espíritu libre, ver las cosas con perspectiva.
LUNA	**Búho.** Simboliza la sabiduría y el conocimiento. Intuición.
SOL	**Salamandra.** Espíritu del fuego. Aporta energía, vitalidad y suerte.
JUICIO	**Cóndor.** Nos enseña a tomar conciencia y a volar encima de las limitaciones.
MUNDO	**Todos los animales y seres vivos que forman parte del cosmos.**
LOCO	**Mariposa.** Cambio, simboliza el alma.

ARCANO	PLANTA
MAGO	**Albahaca.** Claridad mental, nos da calma y tonifica el sistema nervioso.
SACERDOTISA	**Salvia.** Energía femenina, potencia la memoria y la intuición.
EMPERATRIZ	**Rosa roja.** Nos conecta con la belleza y el deseo.
EMPERADOR	**Clavel.** Despierta la pasión y el deseo. Aumenta el tono vibracional.
SACERDOTE	**Gardenia.** Nos ayuda a conectar con nuestra esencia.
ENAMORADOS	**Alegrías.** Alegría, buen ambiente en el hogar, intercambio sentimental.
CARRO	**Ruda.** Decisión, voluntad, progreso, triunfo, dirección.
JUSTICIA	**Aloe.** Sensación de bienestar, equilibrio interno, purifica el entorno.
ERMITAÑO	**Romero.** Fortaleza física y seguridad interior. Autocontrol.
RUEDA	**Trébol.** Suerte y protección. Optimismo y claridad metal.
FUERZA	**Olivo.** Paciencia, sabiduría, serenidad, paz y regeneración espiritual.
COLGADO	**Pasiflora.** Iniciación espiritual, paz interna, fuerza interior, comprensión.
MUERTE	**Ciprés.** Regenerador físico, mental y espiritual. Aceptación y esperanza.
TEMPLANZA	**Retama.** Fe y perseverancia, crecimiento y evolución. Calma y bienestar.
DIABLO	**Estramonio.** Conecta con los instintos y con nuestros deseos escondidos.
TORRE	**Ortigas.** Utilizadas para eliminar malas energías, limpian y regeneran.
ESTRELLA	**Margarita.** Estimula el apetito y el organismo. Mejora nuestras relaciones.
LUNA	**Artemisa.** Potencia la clarividencia, fomenta el psiquismo y los sueños.
SOL	**Girasol.** Restablece la autoestima, la confianza y la seguridad en uno mismo.
JUICIO	**Campanilla.** Comunicación y comprensión, canalización. Despertar.
MUNDO	**Laurel.** Simboliza el éxito, purifica, nos protege y nos inspira.
LOCO	**Árnica.** Percepción, divina locura, libertad, seguir el corazón.

ARCANO	MITO
MAGO	Hermes, Apis, Thot.
SACERDOTISA	Artemisa, Isis.
EMPERATRIZ	Afrodita, Venus, Deméter, Gaya.
EMPERADOR	Ares, Marte, Zeus.
SACERDOTE	Quirón.
ENAMORADOS	Paris, Cupido.
CARRO	Zeus, Júpiter.
JUSTICIA	Atenea, Minerva.
ERMITAÑO	Cronos, Ganesha.
RUEDA	Las tres moiras: Cloto, Láquesis y Atropo.
FUERZA	Hestia, Hércules.
COLGADO	Neptuno, Prometeo, Odín.
MUERTE	Hades, Anubis, Kali, Shiva.
TEMPLANZA	Iris.
DIABLO	Dioniso, Baco, Pan, Fauno.
TORRE	Vulcano, Hefesto, Minos, Agni.
ESTRELLA	Urania, musa de la astronomía, Pandora.
LUNA	Selene, Hécate.
SOL	Apolo, Helios, Osiris, Vishnu.
JUICIO	Saturno, Hermes el Psicopompo.
MUNDO	Huevo cósmico.
LOCO	Urano.

Cartas para recortar y pegar en tus lecturas

Cartas para recortar y pegar en tus lecturas

Cartas para recortar y pegar en tus lecturas

Cartas para recortar y pegar en tus lecturas

Cartas para recortar y pegar en tus lecturas

Soluciones

Página 91

R	E	M	I	S	U	F	O	C	E
E	S	O	B	A	R	A	J	A	N
I	P	B	A	G	A	R	E	R	O
B	A	S	T	O	S	Q	A	T	I
A	D	R	I	G	O	U	G	A	D
S	A	P	O	C	S	E	A	P	E
A	S	M	L	E	C	T	U	R	A
I	P	O	J	C	O	I	M	A	S
R	E	D	U	I	M	P	U	B	I
O	L	A	S	V	E	O	R	O	S

Página 135

E	B	A	D	O	S	A	F	V	E
N	A	E	R	C	A	N	U	O	T
T	A	N	A	O	R	P	I	L	A
U	F	E	D	N	O	G	A	U	I
S	O	R	A	F	U	I	G	N	A
I	A	G	A	I	A	M	E	T	O
A	V	I	T	A	L	I	D	A	D
S	U	A	O	N	U	R	A	D	A
M	O	A	I	Z	O	G	E	U	F
O	A	M	S	A	D	U	N	P	A

MIS CONTRASEÑAS

WEB _____
Usuario _____
Contraseña _____

WEB _____
Usuario _____
Contraseña _____

WEB _____
Usuario _____
Contraseña _____

WEB _____
Usuario _____
Contraseña _____

WEB _____
Usuario _____
Contraseña _____

WEB _____
Usuario _____
Contraseña _____

MIS CONTRASEÑAS

WEB _____
Usuario _____
Contraseña _____

WEB _____
Usuario _____
Contraseña _____

WEB _____
Usuario _____
Contraseña _____

WEB _____
Usuario _____
Contraseña _____

WEB _____
Usuario _____
Contraseña _____

WEB _____
Usuario _____
Contraseña _____

Notas:

Notas:

DESPEDIDA

Ya ha terminado el año, hemos concluido 2025. Espero que haya sido un gran año para ti. Como en todos los años, seguro que habrás vivido cosas difíciles de las que espero que hayas aprendido, pero con seguridad, también habrás conseguido éxitos de los que estés orgulloso/a. De esto se trata la vida, de ir viviendo experiencias para poder ir creciendo gracias a ellas.

Este año te ha acompañado la energía de los bastos, la energía del fuego. Deseo que hayas podido conectar con ella y notar esa fuerza, vitalidad y energía. Que te hayas sentido Rey/Reina de bastos, que hayas comunicado como la sota y te hayas movido con la vitalidad del caballero. Seguro que esta energía te ha ayudado en tus proyectos y propósitos.

Estamos cerrando este año, en el que has podido aprender y profundizar en cada una de las cartas de bastos. Pero también estamos a punto de abrir un nuevo año en el que vamos a trabajar con el palo de copas. Profundizaremos, asimismo, en sus arcanos y conectaremos con la energía del agua. ¿Estás preparado/a para trabajar con las emociones? Si es así, te invito a acompañarme con la agenda de este nuevo año.

Como siempre, llegados a este punto, quiero agradecerte la confianza y el hecho de que hayas elegido esta agenda para que te guiase y acompañase durante este 2025. ¡Gracias de corazón!

Me gustaría dar las gracias a M.ª Carmen Mediavilla, a Juli Peradejordi y a todo el equipo de Ediciones Obelisco por hacer posible este proyecto.

Y también doy las gracias al tarot y a la vida porque nunca dejan de sorprenderme.

¡FELIZ AÑO NUEVO Y FELIZ TAROT!

ACERCA DE LA AUTORA

M.ª del Mar Tort i Casals (1966) es fundadora y directora de la Escola Mariló Casals desde el año 2000, institución que es un referente en los ámbitos del tarot y la astrología por su metodología propia, sus valores y por un proceso de formación que permite el desarrollo de sus alumnos como profesionales.

En **2006 puso en marcha su escuela *online***, en la que ya se han formado más de 7000 alumnos. Desde el año 2020, la escuela *online* incorpora un amplio abanico de cursos en Zoom, que permiten trabajar semanalmente, en grupos y en directo, con las profesoras desde cualquier parte del mundo.

Es autora del libro *Manual de interpretación del Tarot* (2014), *Manual de interpretación de Tarot con los 78 arcanos* (2017), *El arte de interpretar el Tarot* (2023) y de la libreta de lecturas que los acompañan. También es la creadora del *Tarot de las Sensaciones* (2021). Y, desde el año 2019, de las agendas de tarot, todos ellos publicados en Ediciones Obelisco.

La divulgación es una de sus grandes pasiones y es la creadora principal del contenido del canal YouTube, Escola Mariló Casals, con más de 8000000 de visualizaciones y más de 70000 suscriptores. También en Instagram cuenta con un perfil de más de 20000 seguidores y en TikTok con más de 10 000, desde donde interactúa cada semana con sus charlas de tarot y astrología.

Es redactora, divulgadora e impulsora del Código Ético del tarot y del Primer Manifiesto del tarot. Asimismo, es **madrina de la Red Internacional de Congresos de Tarot**, con presencia en más de nueve países de habla hispana y directora del Congreso Internacional de Tarot de Barcelona (España).

Ha sido ponente en congresos de tarot y astrología en distintos países de habla hispana. Y también ha sido **organizadora del Congreso Ibérico de Astrología en 2011 y 2015**. Es miembro de la SEA (Sociedad Española de Astrólogos) y de la UILA (Universidad Internacional Libre de Astrología).

Es coautora del libro *Astropredicciones* (2017), publicado por la editorial Lucem, así como de *Casas astrológicas*, de la UILA. También es terapeuta Gestalt, formación que realizó de 2012 a 2016.

Puedes seguirme en:

Facebook: @mmartortcasals (búscame en mi página profesional)
Instagram: @mmartortcasals   @escolamarilocasals
Pinterest: @mmartortcasals   @EsMariloCasals
Tiktok: @mmartortcasals   @EscolaMariloCasals
Etsy: @EscolaMariloCasals

Si deseas aprender contenidos y más lecturas:
    Youtube: «escolamarilocasals» ¡Nos siguen más de 70 000 personas!
    Web: www.escolamarilocasals.com
Si deseas información del Congreso de Tarot:
    www.congresotarot.com
    www.redinternacionalcongresosdetarot.com
Si deseas adherirte al Código Ético del Tarot:
    www.eticaytarot.com
Si quieres comprar nuestros productos:
    www.escolamarilocasals.com/categoria-producto/tienda/

¡GRACIAS Y HASTA PRONTO!

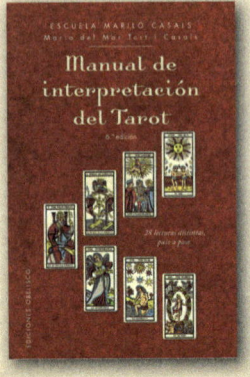
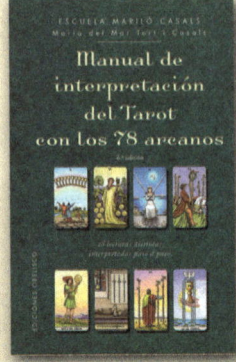
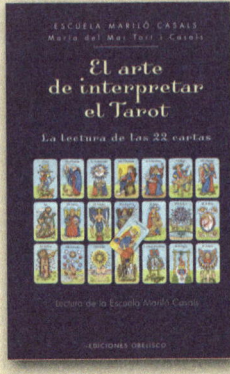
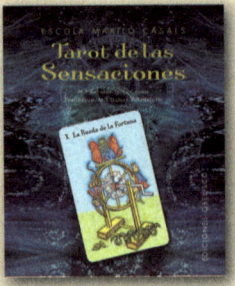
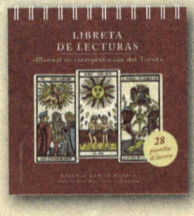

Colección Calendarios y Agendas
Agenda del tarot 2025
M.ª del Mar Tort i Casals

Maquetación: Juan Bejarano
Corrección: M.ª Ángeles Olivera
Diseño de cubierta: Enrique Iborra

© 2024, M.ª del Mar Tort i Casals, textos y cartas
(Reservados todos los derechos)
© 2024, Ediciones Obelisco, S. L.
(Reservados los derechos para la presente edición)

Edita: Ediciones Obelisco, S. L.
Collita, 23-25. Pol. Ind. Molí de la Bastida
08191 Rubí - Barcelona - España
Tel. 93 309 85 25
E-mail: info@edicionesobelisco.com

ISBN: 978-84-1172-148-6

Impreso en Gràfiques Martí Berrio, S. L.
c/ Llobateres, 16-18, Taller 7 - Nau 10. Polígono Industrial Santiga.
08210 - Barberà del Vallès - Barcelona

Printed in Spain

Ninguna parte de esta publicación, incluido el diseño de la cubierta, puede ser reproducida, almacenada, transmitida o utilizada en manera alguna ni por ningún medio, ya sea electrónico, químico, mecánico, de grabación o electrografiado, sin el consentimiento por escrito del editor, a excepción de las citas. Diríjase a CEDRO (Centro Español de Derechos Reprográficos, www.cedro.org) si necesita fotocopiar o escanear algún fragmento de esta obra.